Von Burg zu Burg am Niederrhein

Band 2

Mercator-Bücherei Band 39/40

Von Burg zu Burg am Niederrhein

Band 2

von Karl Emerich Krämer
Fotos von Eva Umscheid

Mercator-Verlag

Inhalt

Im Einklang mit der Geschichte	5–7
Verschwunden, vergessen und wiederentdeckt	8–11
In der Tasche von Heinsberg	12–22
Rur-Schwalm-Nette-Fleuth	22–32
Niershöfe-Niersburgen	33–44
Von Worringen nach Rheinberg	44–58
Zwischen Xanten und Nimwegen	58–65
Links der Issel, rechts der Ruhr	66–79
Am Rand des Bergischen Landes	80–101
Stichwortverzeichnis	102–104

Das Titelfoto zeigt das Weiher-Kastell in Breyell an der Autobahn nach Venlo; auf der Einbandrückseite ist, im Ausschnitt, das Kreismuseum Zons im Herrenhaus des Schlosses Friedestrom zu sehen.

1. Auflage 1980
Copyright by Gert Wohlfarth GmbH
Verlag Fachtechnik + Mercator-Verlag,
Duisburg, und Dr. K. E. Krämer, Düsseldorf
Die Karten des Vorsatzpapieres zeichnete
Leo Nix, Düsseldorf

ISBN 3-87463-076-5

Im Einklang
mit der Geschichte

Burgen und Schlösser wecken wie alle historischen Bauten selbst als Ruinen noch ein fortwährendes Interesse bei allen, die sich einmal mit ihnen beschäftigt haben. Dort, wo sie wie unsere niederrheinischen Wasserburgen in Jahrhunderten eins geworden sind mit der Landschaft, verlocken selbst kümmerlichste Reste dazu, nach ihnen und ihrer Geschichte zu fragen.

Aus den Interessenten, die ursprünglich nur ein Ziel für ihre Sonntagsfahrten suchten, hat sich ein Kreis von Burgenfreunden gebildet, die – unorganisiert – dennoch voneinander wissen und sich nur da bemerkbar machen, wo es gilt, ein gefährdetes Bauwerk geschichtlicher Bedeutung vor allzu raffgierigem Spekulantentum zu bewahren. So treten sie überall, wo es nottut, für unsere bewahrenswerten Kulturdenkmäler ein und unterstützen so die Arbeit des Landeskonservators wie der örtlichen Ämter und Verbände.

Daß Fortschritt ohne Tradition kein wirklicher Fortschritt sein kann, hat sich mittlerweile selbst bei denen herumgesprochen, die sich in den vergangenen Jahren Mühe gaben, zwischen objektiver und subjektiver Kultur zu unterscheiden. Sich gegen ihren Spott zu wehren, wurde nicht erst seit gestern zum guten Recht derer, die nicht nur ihre grüne Umwelt schützen, sondern auch ohne Denkmalsschutzgesetz das historische Umfeld bewahrt wissen wollten.

Wer erlebt hat, wie die Burgenfreunde noch vor wenigen Jahren als sentimentale Romantiker und wirklichkeitsfremde Nostalgieritter abqualifiziert wurden, wundert sich nicht, wenn opportunistische Kritiker heute von einer Tendenzwende reden. Überrascht von dem ständig zunehmenden Interesse aller Bevölkerungsschichten, preisen sie nun die Burgenfahrten als Beispiele sinnvoller Freizeitgestaltung für die ganze Familie an.

Die alten Burgenfreunde nehmen davon genausowenig Notiz wie von den Vorwürfen, die früher gegen sie erhoben wurden. Ihnen und nicht dem angeblichen neuen Trend zuliebe haben wir mit diesem Band eine zweite Folge von weiteren 130 niederrheinischen Wasserburgen und Schlössern zusammengestellt, die erstaunlicherweise Krieg und Nachkrieg überstanden haben oder in den letzten Jahren wieder aufgebaut worden sind. Neben versteckten Adelshöfen, verwitterten Tortürmen und halb versunkenen Bauernburgen erscheinen auch hier eindrucksvolle Beispiele von Wehr- und Prunkbauten, die im ersten Band nicht aufgeführt werden konnten. Einige von ihnen haben wir erst auf Anraten unbekannter Freunde besucht, denn alle, die sich darüber beklagten, warum ausgerechnet ihre Burg in keinem unserer Burgenbände des Raums zwischen Köln und Aachen, Emmerich und Düsseldorf vertreten sei, trugen dazu bei, die noch vorhandenen Lücken unserer ersten Übersicht zu schließen.

Noch ist kein Archiv, kein Handbuch und keine Chronik so vollständig, daß wir über jede burgenähnliche Anlage Auskunft geben könnten. Was die Überlieferungen verschweigen und die Besitzer selbst nicht wissen, läßt sich auch beim besten Willen nicht von Außenstehenden rekonstruieren. Zwar haben wir wiederholt zu hören bekommen, diese oder jene Burg sei mindestens fünfhundert Jahre alt, doch hielt der Stolz der Eigentümer näherer Betrachtung und Prüfung nicht stand. Manche Berufung auf obskure Quellen führten in die Irre.

Dagegen gelang es unerwartet, an anderen Stellen fündig zu werden. Alte Aufzeichnungen, Kirchenbücher, kaum beachtete Beschreibungen gaben plötzlich Auskunft. Überlieferungen, Vermutungen, sagenhafte Berichte, die von Generation zu Generation weitergegeben, bald diese oder jene Auslegung fanden, erwiesen sich schließlich dennoch als Wegweiser, weil einer der Ansässigen sich die Mühe gemacht hatte, das alles für seine Familie, für die Kinder oder die ganze Sippe festzuhalten. Selbst Pfarrer und Lehrer nahmen sich Zeit, nicht nur die Kirchen- und Dorfgeschichte aufzuzeichnen, sondern auch die in ihrem Sprengel ansässigen Ritter, Freiherren und Grafen aufzuführen. So wurden selbst die alten Grabsteine an der Kirchenmauer zu oft rührenden Zeugnissen vergangener Generationen.

Sie alle erinnerten sich auf ihre, zuweilen ganz persönliche Art an Ereignisse und Zeitläufe, die andernorts längst in Vergessenheit geraten sind. So kam es, daß die Mitarbeiter der Jahrbücher, Kalender und Geschichtsvereine öfters über Einzelheiten besser informiert waren als die Historiker, die in ihrer Gesamtschau weder Platz noch Muße fanden, sich ausführlich mit den einzelnen Burgen zu befassen. Solche Erfahrungen ermuntern den Laien, nicht vor Hindernissen haltzumachen, die der Wissenschaft gesetzt sind. Forschungsergebnisse, die bereits mit dem nächsten Zufallsfund überholt sein können, lassen der Phantasie des inoffiziellen Burgenforschers so viel Spielraum, daß jeder Irrtum wie jede ungeklärte Frage ihn schließlich dennoch ein Stück weiterbringen.

Das Wort von der schweigenden Geschichte des Niederrheins war immer nur bedingt richtig. Ein Land, das seine historische Vergangenheit nur zögernd preisgibt, um dann mit so starken Trümpfen wie den inzwischen berühmt gewordenen fränkischen Fürstengräbern bei Morken und Gellep aufzuwarten, zeigt am Beispiel und Werdegang Albert Steegers, daß unser eigenes Troja zu unseren Füßen liegt und darauf wartet, entdeckt zu werden.

Daß gleichzeitig immer mehr Burggräben, Gräften und Hausteiche verlanden, wie die der Schlösser Dilborn, Haag und Diersfordt, wundert nur den, der nicht weiß, wie rapide der Grundwasserspiegel gesunken oder gesenkt worden ist. Die Rohrkolben und Binsen, die Torhaus und Burgbrücken umwuchern und längst ausgetrocknete Gräben überwachsen, sind zuweilen Zeichen resignierender Selbstaufgabe, weil Schnaken, Brackwasser und Gestank den neuen Besitzern oder Pächtern lästiger fallen als die Industrieschwaden, die vom Rheinufer oder vom Rur- und Wurmrevier herüberwehn. Ausschließlich die Anlage neuer Chemiewerke und Braunkohlengruben für den zunehmenden Wassermangel verantwortlich zu machen, scheint angesichts der großzügig-erfolgreichen Rekultivierungsmaßnahmen ungerecht.

Wer bemüht ist, im Einklang mit der Geschichte zu leben, wird zwar den Verlust von Schloß Harff betrauern, dafür jedoch um so dankbarer die Entdeckung der 6500 Jahre alten Befestigungsanlage im Hambacher Forst zwischen Jülich und Düren begrüßen. Das eine wie das andere wäre ohne den Braunkohlentagebau nicht möglich gewesen. Die handgreiflichen Vor- und Nachteile beider abzuwägen, heißt, sich mit Zeiträumen vertraut zu machen, die den Archäologen in unserer Landschaft bislang mehr Rätsel aufgaben, als ihnen lieb war.

Bisher galt der nachdrückliche Hinweis der Experten, wie fraglich die Deutung größerer Erdwerke zwischen Maas und Niederrhein auch heute noch ist. Ähnliche Formulierungen trafen sowohl für die ausgehende Steinzeit wie für die frühe Bronzezeit zu. Bis heute nicht ganz geklärt oder noch nicht untersucht, heißt es da immer wieder.

Da, nach dem Handbuch der Historischen Stätten, die entsprechenden Untersuchungen noch ausstehen, und wir nicht einmal in der Lage sind, die wichtigsten niederrheinischen Befestigungsanlagen aus dem 1. Jahrhundert vor Christus in einen klaren historischen Zusammenhang zu bringen, ist der Fund im Hambacher Forst ein ausgesprochener Glücksfall. Die Bestandsaufnahme ergab: das 110 x 80 Meter große Oval der befestigten Siedlung war von einem tiefeingeschnittenen Graben umgeben, der an drei passierbaren Stellen durch drei Tore gesichert wurde. Ein Depot von Feuerstein-Rohlingen aus den Steinbrüchen von Maastricht weist darauf hin, daß es unter den Bauern der Bandkeramiker vor sechseinhalbtausend Jahren nicht nur Händler, sondern auch Handwerker, Bergleute für Kohle und Feuerstein und Glasmacher gegeben hat. Das Wehrdorf am Rand des alten Handelsweges vom Rhein zur französischen Kanalküste, nahe dem die Römer erst viertausend Jahre später ihre Straße anlegten, läßt hoffen, daß wir vielleicht schon im nächsten Jahrzehnt Genaueres über die Ursprünge der Erdwerke und Bollberge erfahren, die als frühe Vorbilder unserer mittelalterlichen Burgen gelten müssen.

Verschwunden, vergessen und wiederentdeckt

Am Niederrhein auf Burgensuche zu gehen, lohnt sich immer wieder – auch für den, der glaubt, bereits alle Burgen zu kennen. Außer den Schlössern und Adelshöfen, die keinen Wert darauf legen, als Besuchsziel angesprochen zu werden, gibt es eine Reihe andrer, von denen niemand Notiz nimmt, weil sie vielen nicht malerisch, romantisch oder historisch interessant genug erscheinen. Dagegen mehrt sich die Zahl derer, von denen die Arbeit der Laienforscher und Wissenschaftler berichtet. Ausgrabungen und Zufallsfunde, wiederentdeckte Urkunden und Zeichnungen geben Hinweise auf anscheinend nur noch wenig bekannte Wehranlagen und Burghöfe, die überbaut, verputzt, vernachlässigt oder sonstwie in Vergessenheit geraten sind.

Hieß es vor ein paar Jahren noch Aspola, Uplade und Munna seien die ältesten urkundlich erfaßten Burgen, die Alpert von Metz am Niederrhein für das Jahr 1000 nannte, so läßt sich heute belegen, daß bereits vor der Jahrtausendwende etliche Berg- und Wasserburgen bekannt gewesen sein müssen. Älter als die Burg Uplade auf dem Hauberg bei Elten muß das Kastell Eltnon auf dem Eltenberg gewesen sein; älter als Aspola, das heutige Aspel, oder die Burg Munna auf dem Monterberg bei Kalkar, ist die Plektrudisburg bei Keyenberg.

Die Unterstellung, der linke Niederrhein sei dem rechten kulturell wie waffentechnisch überlegen gewesen, geht von falschen Voraussetzungen und einseitig römischen Erfahrungen aus. Das Verhalten ihrer Generale und Legionen auf dem Ostufer des Rheins beweist das Gegenteil, gleichgültig auf wessen Befehl sie sich nach jedem Vorstoß wieder zurückzogen. Wer keine Lust hat, immer wieder neue Versionen der Varusschlacht im Teutoburger Wald zu lesen, tut gut daran, sich durch Gregor von Tours und seine fränkischen Königsgeschichten an den Untergang der Jovianischen Legion im Westbergischen und die Befestigungen des Herzogs Markomer erinnern zu lassen. Alte Burgen und Bollberge gab es genug. Die im Thidreks-Lied genannte Burg Barkala am Ufer der Dhünn gehörte dazu wie der Bergsporn über der Düssel im Neandertal. Die Übersichtskarte der archäologischen Denkmäler im Rheinland führt sie als Ringwälle und Motten auf. Die Namen Alde Borg, Kleiner Borrberg, Erdenburg, Heidenburg, Hünxer Burgwart, Holterhöfchen erinnern an sie und manche ergebnislose Grabung um die Jahrhundertwende.

Allen gemeinsam war, daß sie Wasser, Wald, Sumpf und Berg als natürlichen Schutz benutzten, die manchmal auch späteren Anlagen, im ausgehenden Mittelalter noch, zugute kamen. Das Land Thoringien, das von der Ruhr rheinentlang über die Betuwe bis in die Niederlande und das ehemalige Toxandrien reichte, kennt Namen von Königen und Herzögen, deren Wohnsitze verschollen sind oder nur in Sagen weiterleben. Ob das Großburgen, Paläste, Schiffslager oder befestigte Gutshöfe waren, ist noch weniger bekannt als die Ausdehnung des Wikingerstaates am untersten Niederrhein, dessen Zentrum, Befehlsstelle und Sammelpunkt

Burg Millen an der deutsch-niederländischen Grenze

der „herrliche, uneinnehmbare Palast" Nimwegens gewesen sein soll. Warum sich aber seit Kaiser Wilhelms Zeiten kaum einer die Mühe macht, den früher an den versumpften und verschilften Wasserläufen des alten Zweistromlandes zwischen Maas und Niederrhein nach ihren Spuren und Resten zu suchen, läßt sich weder mit neuen Forschungstechniken, noch mit der Holz-Erdebauweise und am allerwenigsten mit den pangermanischen Programmen verflossener Jahrzehnte rechtfertigen. Denn daß des Landes bester Schutz gegen kriegerische Kolonnen seine Unwegsamkeit war, haben von Cäsar bis Julian fast alle römischen Heerführer und Kaiser erfahren, deren Manipel und Kohorten in diesem „Unland" verkamen. Nicht einmal die offiziell anerkannte Überlegenheit batavischer Reiter und Schiffsführer hat uns, im Gegensatz zu den benachbarten Niederländern, dazu bringen können, die Geschichte des Bataveraufstandes zu beschreiben – vielleicht, weil wir immer noch zu wenig von dem Mann wissen, der unter dem römischen Namen Claudius Civilis dem römischen Imperium eine erste, schockierende Vorstellung von dem gab, was er sich unter der Parole „Rhein in Flammen" vorstellte. Wie sehr sein Erfolg den des Cheruskers Armin oder Hermann übertraf, haben die einseitigen deutschen Vergangenheitsbewältiger nie so recht wahrhaben wollen. Ähnlich wie Kölns Kolonisten, die sich die aufrührerische Verwandtschaft fein säuberlich vom Hals hielten, waren auch Franken und Sachsen von dem Irrtum gemeinsamer Vergangenheit befangen, um sich dann generationenlang desto gründlicher zu bekämpfen.

Anlässe am Niederrhein Krieg zu führen, gab es in jedem Jahrhundert. Die Lößböden waren ertragreich und die Weiden fett genug, um ganze Heere, eigene wie feindliche, zu versorgen. Um so schwerer fällt es, wenigstens stellenweise ein klareres Bild für die Zeit zwischen dem Abzug der Römer und der Teilung des Frankenreiches nach Karl dem Großen zu gewinnen. So bedeutend die Grenzverschiebungen Ostfrankens und Lotharingiens politisch waren, so wenig beeinflußten sie die Lebensweise der Bauern und Herren, der Reiter und Ritter, die als Heidenchristen ihr Bestes taten, um dem neuen Glauben gerecht zu werden. Viel öfter als Wallburgen, Reichsgüter, Königshöfe und Burgen der Gaugrafen blieben Kirchen, Kapellen und Klöster als Zeugen fränkischer Christianisierung erhalten, die Gründung, Stiftung und Bestand ebensosehr dem Adel wie dem missionarischen Eifer der Mönche verdankten. Frühe Saalkirchen mit Mauern und Fundamenten aus faustgroßen Kieselsteinen und Rudimenten römischer Ziegel sind im Jülichschen zur Maas hin überall dort zu finden, wo alte Geschlechter und die aus ihren Familien hervorgegangenen Priester oder Kirchenfürsten im 7. und 8. Jahrhundert unweit ihrer befestigten Höfe und Residenzen Gotteshäuser bauten, die die Zerstörung ihrer Burgen überlebten. Aber auch das reicht nicht, die niederrheinische Burgenkarte zu ergänzen; selbst ohne sie ist unsere Liste der noch vorhandenen längst noch nicht vollständig.

Daß die Burgenlandschaft des Niederrheins wesentlich reicher ist, als gemeinhin angenommen wird, bestätigen Burgenfahrer, die wie wir gelernt haben, den vorliegenden Teilbeschreibungen und angeblich erneuerten Karten zu mißtrauen, um nun selbst auf die Suche zu gehen. Wer sich nicht übt, einen besonderen Spürsinn für Burgen zu entwickeln, geht oder fährt bald in die Irre – auch da, wo historische Bauten angeblich deutlich gekennzeichnet werden. Wer sich mit der Archivliteratur und der Darstellung neu gezeichneter Straßennetze befaßt, merkt bald, wie überholungsbedürftig beide geworden sind. Da niemand die Zeichen und Namen an Ort und Stelle mit den alten Druckvorlagen und ihre Korrekturen vergleicht, halten Irrtum und Berichtigung einander die Waage.

Am Beispiel Selfkant wird deutlich, was damit gemeint ist. Hindernisse, Irrtümer, Mißverständnisse, die sich durch den Wechsel der Regierungen und Verwaltungen bis in die jüngste Zeit ergaben (das Selfkantgebiet stand nach dem Zweiten Weltkrieg lange unter niederländischer Verwaltung), werden dort, wo sie noch vorhanden sind, jetzt erst ausgeräumt. Das gilt genauso für das Flußgebiet zwischen Rur, Schwalm, Niers und Maas, das durch Kirchenstreit und Glaubenskriege verwüstet, immer noch zu erkennen gibt, wie unterschiedlich sich historische Fakten beurteilen lassen. Hier die modisch gewordene Methode anwenden zu wollen, Geschichte als Endprodukt sozialer Verhältnisse zu sehen, ist nicht möglich. Typisch für diese Landschaft: sie verschloß sich dem Bauernkrieg, trat andrerseits jedoch auch dann noch für die Wiedertäufer ein, als das „Königreich Münster" längst gefallen war.

Unsere Burgennachlese macht deutlich, wie weit die Meinungen auseinanderklaffen, weil landfremde Theoretiker die Langmut der Niederrheiner überforderten, den niederländischen Einfluß unterschätzten oder einseitigem Fanatismus erlagen. Wie karg die Spuren auch sein mögen, geschichtliche Entwicklungen zu belegen, die Burgen und das Schicksal ihrer Besitzer machen es dennoch möglich. Das bestätigt die Überzeugung der Burgenfreunde, die keine Nostalgiewelle brauchten, um ihr anhaltendes Interesse an den historischen Bauten und der Geschichte des Niederrheins zu begründen. Ihnen bleibt – wie Fontane es einmal formuliert hat – ihnen bleibt das Gefühl, von der Macht und dem Zauber historischer Erinnerungen leise berührt zu werden.

In der Tasche von Heinsberg

Soldaten des englischen Feldmarschalls Montgomery gaben dem nach Westen zur holländischen Maas hin vorspringenden **Selfkantgebiet** den Namen „Tasche von Heinsberg", als sie im Januar 1945 nach schweren Kämpfen endlich den deutschen Brückenkopf zwischen der niederländischen Grenze und dem linken Rurufer eindrücken konnten. Das von Geilenkirchen und Heinsberg begrenzte Roermonder Dreieck blieb seinem alten Ruf als Schlachtfeld und Trennungslinie auch nach zweitausend Jahren noch treu, obwohl Cäsar uns nichts, Tacitus dagegen einiges über dies Land der **Sunuker** hinterlassen hat. Im vierten Buch seiner Historien heißt es, daß Claudius Civilis 69 n. Chr. das Gebiet der Sunuker besetzte und aus seiner Jungmannschaft Kohorten bildete, die mit ihm in den Kampf gegen ein römisches Heer aus Bätasiern, Tungrern und Nerviern zogen. Die Maas zu durchschwimmen, um dem römischen Oberkommandierenden Claudius Labeo in den Rücken zu fallen, scheint den vereinigten Batavern und Sunukern so leicht gefallen zu sein, daß Labeo entfloh, als sich die Tungerer samt ihren Verbündeten den batavischen Rebellen anschlossen.

Kommentare aus unserer Zeit halten die Sunuker einmal für eine linksrheinische Stammesgruppe der Germanen, zum andern für eine germanische Stammesgruppe in Belgien zwischen Rur und Maas. Ungenauer kann man es nicht sagen, zumal sich die Vermutung aufdrängt, daß die Sunuker mit ihren Niederlassungen am **Rodebach** wie am **Saeffelbach** (der der Selfkant seinen Namen gab) Kelten oder ein keltisch-germanisches Mischvolk waren. Nicht nur der keltische Namen der Rur oder Roer, der wie bei der Ruhr nichts anderes als ‚die sich Bewegende, Fließende' bedeutet, weist darauf hin, auch die Siedlungsformen westlich des Wurmtals lassen markante Unterschiede gegenüber denen der Erkelenzer Börde erkennen. Von Römischem ist außer in **Tüddern**, einst Theudorum, nicht die Rede. Aber auch sein Name läßt sich auf die altkeltische Götterburg Divodorum zurückführen. Um so erstaunlicher ist grenzentlang die große Befestigungsanlage der Landwehr, die sich unter dem Namen **Allegraav** kilometerweit durch den westlichen Teil des neuen Großkreises Heinsberg hinzieht. Stellenweise zweieinhalb bis drei Meter hoch und acht Meter breit, hat der Wall durch die Jahrhunderte hin immer wieder als Verteidigungsstellung gedient. Von den Ubiern bis zu den Normannen, von den Karolingern bis zu den Herzögen von Kleve hat die „Landwerong" samt den Erdwerken ihres Festungssystems viele Väter, über die Meinungen wie Forschungen auseinandergehen. Als Trennungslinie zwischen ripuarischen und salischen Franken wie zwischen den Bistümern Lüttich und Köln bestätigt die Grenzwehr ihren frühen Ursprung, nicht anders als das Erdwerk nahe Millen, das einen alten Moorübergang, ähnlich dem bei Havert, überwachte.

Das nicht ganz zweitausend Jahre alte Millen hat das Pech gehabt, 1815 zwischen Deutschland und den Niederlanden so geteilt zu werden, daß die **Burg Millen** hinter dem Rodebach auf holländisches Gebiet geriet, während ein Teil ihrer beiden Vor-

Haus Wammen bei Havert

burgen samt der dazugehörigen Zufahrt noch auf deutscher Seite liegen. Wer Heribert von Millen samt seinem Sohn dazu veranlaßt hat, um 1120 ihre Pfarrkirche der ortsansässigen Abtei zu schenken, läßt sich auch dann nicht erklären, wenn man weiß, daß ihr Erbe Arnold von Millen 1282 seine Burg samt der Herrschaft an die mittlerweile immer mächtiger gewordenen Herren von Heinsberg verkauft hat. Die Kritzraedt-Chronik von 1644 bestätigt den neuen Besitzern, daß sie 200 Jahre lang „ordentliche" Herren waren, was angesichts der mannigfachen Fehden und Kriege nicht allzuviel besagen will; denn vier Jahre später verfaulte im Selfkant die Frucht auf dem Halm. Hungersnot, Teuerung und Pest folgten durch die Jahre hin, bis 1333 auch Gottfried II. von Heinsberg „zu den Vätern versammelt wurde". Die zwei Meter dicken Mauern der Burg Millen überstanden den zehnjährigen geldrischen Krieg des Herzogs Eduard mit seinem Bruder Rainald. Versetzt, verpfändet, wieder eingelöst und abermals verpfändet – das zog sich durch die Jahrhunderte hin, bis der Burgsitz des herzoglich jülisch-klevisch-bergischen Amtmanns 1543 den spanischen Tercios Kaiser Karls V. in die Hände fiel. Die friedlich vor sich hinblühenden Apfelbäume hinter dem Rodebach täuschen nicht darüber hinweg, daß der einst stattliche Burgberg mit seinem Turm nur noch Ruine und romantisches Attribut des großen Obsthofes an der Grenze ist.

Bei Isenbruch nördlich von Millen nach dem seit 1273 bekannten **Haus Schaesberg** Engelberts von Isenbruch zu fragen, lohnt sich noch weniger, als auf dem Weg nach Havert nach dem im 14. Jahrhundert erstmals genannten **Haus Alfens** zu sehen. Beide haben so wenig von ihrer alten Bausubstanz behalten, daß auch die Erinnerungen an frühe Archidiakone aus Lüttich und den späteren General und Freiherrn Ludwig von Brempt nicht viel zur Aufhellung ihrer Geschichte beitragen. Den benachbarten Bau der Herren von **Hegem**, die sich im 16. und 17. Jahrhundert mit ihrer Verwandtschaft um Alfens stritten, hat der letzte Krieg zerstört, als die Alliierten nach erbittertem Abwehrkampf Anfang 1945 mit ihren Panzern den Saeffeler Bach überschritten.

Das unweit davon etwas abseits der Straße gelegene **Haus Wammen** erhielt einige Treffer, dennoch blieb der Rokokobau von 1771 so weit erhalten, daß die weißen Wände und das hohe Mansarddach bald wieder instand gesetzt werden konnten. Schon zur Zeit der Waldgenossen von Havert, die hier den frühen Moorübergang des Allegraav noch um das Jahr 1000 sicherten, schenkte die Witwe des Grafen von Valenciennes ihren Besitz am Saeffelbach dem Bischof Balderich von Lüttich, der großzügig genug war, ihn noch im selben Jahr (1020) an die Lütticher Abtei St. Jakob weiterzugeben. Von den adeligen Herrn von Havert ist erst im 14. Jahrhundert die Rede. Vererbt an die von Bree, von Spee, erhielt das Gut seinen heutigen Namen erst nach 1483, als die Erbin in dritter Ehe Wilhelm von Weims, genannt Wambach, heiratete. Philipp Wilhelm Freiherr Hoengen von Wassenberg – die Anfangsbuchstaben bilden die oberste Reihe des Ankerwerks über der gleichfalls neben Tür und Fenster erscheinenden Jahreszahl A O 1771 – ersetzte die alte Anlage durch eine neue. Warum der Freiherr den Neubau noch im Jahr der Fertigstellung für 14 800 Reichstaler an Jodoc von Hall und dessen Ehefrau, eine geborene von

Schwertscheidhof bei Breberen

Wassenberg, verkaufte oder verkaufen mußte, läßt sich nur erraten. Als Heiratsgut von Tochter und Enkelin wurde aus dem im 19. Jahrhundert noch landtagsfähigen Rittersitz in unseren Tagen ein landwirtschaftliches Gut, das mehr durch seine Lage als durch Freundlichkeit seiner Besitzer gewinnt.

Das Wappen über dem Tor des nahegelegenen **Schwertscheidhofs** erinnert daran, daß das Geschlecht der Schwertscheide bereits 1376 unter den Herzögen von Brabant hier ansässig war, ehe 1525 der Grundstein zum neuen Turm der vierhundert Jahre älteren Kirche gelegt wurde. Gertrudis heischen ich, all Ongesiver verdriven ich, versicherte ihre 1445 gegossene Glocke auch noch 1665, als ein Schwertscheid links vom Tor seines noch erhaltenen Hofes neben Erker und Schlitzfenster die Eisenanker mit der entsprechenden Jahreszahl anbringen und die beiden Renaissancekamine im Erdgeschoß bauen ließ.

Unzählige Puter und Puterhennen schauen weiß und neugierig aus allen Fenstern und Öffnungen im ersten Stock des dreiflügeligen Wirtschaftshofs auf die Besucher herab, die sich der Brücke von **Alteburg in Breberen** nähern. Haus ten Berghe wurde der Hof im Heinsberger Lehnsbuch genannt, als die Herren von Heinsberg, die die von Millen abgelöst hatten, um 1330 die ältere Wasserburg als Eigentum des Ritters Johann von Aldenhoven anerkannten. Die nach ihm benannte Alteburg war 1461 Heiratsgut einer Eva von Horrich, als sie Arnold von Bocholtz heiratete. Beider Erben errichteten 1658 das noch lange von Wassergräben umgebene Herrenhaus mit Quaderportal und Treppenturm. Das Doppelwappen der von Bocholtz und von Hoensbroech hinter der ansteigenden Bogenbrücke verrät, daß die Erbauer das Gut noch vor seiner Fertigstellung ihrer Tochter Agnes vermachten, als sie 1654 Otto Ludwig von Blanckart heiratete. Über zweihundertfünfzig Jahre blieb die Alteburg im Besitz ihrer gräflichen, teils deutschen, teils belgischen Nachkommen. Wem der Pächter den Durchgang zur grünen Seite des Innenhofs erlaubt, sollte ihn, ehe er nach der Vorburg sieht, nach der spätgotischen Blätterkranzsäule im Keller fragen; sie allein stammt aus früheren Zeiten der älteren Burg.

Wer vom Saeffelbach zum Rodebach am Südrand der Heinsberger Tasche zurückkehrt, gelangt nach **Gangelt**, das zwischen seinem Heinsberger Tor und seinem Broich-Tor mit Stadtmauern, und den Strebepfeilern seiner St.-Nikolaus-Kirche samt dem heute frei auf einer Weide stehenden Burgtorturm von 1511 mehr aus seiner Vergangenheit bewahrt hat als andere Orte des Selfkants. „Ein schwarzer Löw' im gelben Feld, mit weißem Strichlein vorgestellt, der Stadt von Gangelt Wappen ist von altersher bis diese Frist", reimte Jakobus Kritzraedt 1644. Aufnahmen von 1904 zeigen noch den fünfgeschossigen Turm mit einem freistehenden Flügel der Burg, hinter dem die Kirche aufragt. Nachdem das karolingische Königsgut von 827 zweihundert Jahre später durch eine Urkundenfälschung an das Kloster Brauweiler gelangt war, beauftragte Kaiser Konrad III. 1144 Herzog Heinrich von Limburg, die inzwischen von den Heinsbergern vereinnahmten Königsgüter Gangelt und Richterich einzuziehen, um anschließend die Herren von Heinsberg wieder ordnungsgemäß damit zu belehnen. 1301 zur Stadt

Alteburg in Breberen

erhoben, wurde Gangelt erst an Geldern, dann an Moers verpfändet und schließlich 1378 an den Herzog Wenzel von Brabant verkauft. Den Brabantern verdankte Gangelt seine Stadtmauern, die beiden Tore und eine Burg, von der wir nicht mehr wissen, als daß sie zusammen mit der ganzen Stadt 1484 abgebrannt ist, nachdem Hermann von Randerath zwei Jahre zuvor den Burgsitz erheiratet hatte. Als seine Tochter, die Juffer Elisabeth, 1505 den Amtmann und Pfandherrn zu Millen, Godhard von Hanxler, heiratete, ließ der Schwiegersohn sechs Jahre später eine neue Burg aufführen und seine Landsassen dem jungen Herzog von Kleve huldigen. Landsknechte Kaiser Karls V. zerstörten sie 1543 anläßlich der Jülicher Fehde, bei der Karl V. sich das Herzogtum Geldern aneignete. Vierzig Jahre später ließ die Witwe des Franz von Hanxler die wiederaufgebaute Burg erweitern und verschönern. Prozesse zwischen den erbenden Verwandten im darauffolgenden Jahrhundert führten dazu, daß die Grafen Schaesberg 1707 den bis dahin wohl noch gut erhaltenen Burgenkomplex kauften. Achtzig Jahre später soll Baufälligkeit die Erben gezwungen haben, alle Bauten bis auf den großen Turm niederzulegen.

Wer nach Spuren des Geographen Gerhard Mercator sucht, dessen Eltern aus Gangelt stammten, wird enttäuscht: Gangelt besitzt nichts, was an ihn und seine Mercator-Projektion erinnert. Dem bleibt nichts hinzuzufügen als einen weiteren Vers aus dem Reimgedicht über das Wappen der Stadt Gangelt: Ein Doppelschwanz sich aufrecht krümmt; durch Umweg man zum Himmel kümmt.

Über das Erdwerk **Brüggelchen bei Waldfeucht** ist früher vieles gesponnen worden, was kritischer Betrachtung nicht standhält. Die um die Jahrhundertwende oft zitierte germanische Grenzbefestigung, die mit den Funden im nahen **Karken**, dem Höhenzug Heidler und der großen Landwehr in Verbindung gebracht wurde, hat sich zuletzt als 10 Meter hohe und 25 Meter breite Motte erwiesen, die mit ihren Gräben und Scherben auf einen „Bollerberg" aus karolingischer Zeit hinweist. Inwieweit das Erdwerk sich mit dem hier vom Echterbosch bis zum **Spanischen Hüsken** reichenden alten Grenzwall in Einklang bringen läßt, ist den bis vor hundert Jahren noch wild von Kirschen, Brombeeren, Schlehen und Weißdorn überwachsenen Erhöhungen in den Feldern nicht mehr anzusehen.

Um so eindeutiger gibt **das Schlößchen** an der Nordostecke **von Waldfeucht** als Sitz der Amtsverwaltung noch zu erkennen, daß der im 17./18. Jahrhundert entstandene weiße Ziegelsteinbau auf die frühere Anlage einer mittelalterlichen Befestigung zurückgeht, die nicht nur zur Feldseite, sondern auch zur Stadt hin durch Wall und Graben geschützt war. 1232 war der Ort mit dem Dreizack im Wappen noch ein Brabanter Lehen des Herrn Balduin zu Vucht – wie Waldfeucht damals hieß. Hundert Jahre später war Waldfeucht ein Heinsberger Lehen der Herren von Stein an der Maas. Zusammen mit Millen und Gangelt gerieten Ort und Burg über den Herzog Eduard von Geldern 1364 an den Grafen Johann von Moers, der alle drei ihm verpfändeten Ortschaften 1378 an den Herzog von Brabant verkaufte. Ob die frühere Burg bereits von den Brabantern oder erst von den Jülichern nach einem der fünf gro-

Burgtorturm in Gangelt

ßen Brände zwischen 1480 und 1570 verstärkt und neu befestigt wurde, ist ungeklärt. Von der Familie der Herren von Pollart, die in Berichten der Historischen Gesellschaft des Herzogtums Limburg schon im 15. Jahrhundert als Lehnsträger genannt wird, ist zu wenig bekannt, als daß sich darüber Näheres berichten ließe. Ein Freifräulein von Pollart schenkte das Schlößchen zu Beginn des 19. Jahrhunderts dem Luisenhaus in Roermond; 1874 erwarb es ein deutscher Privatmann, dessen Erben den wieder instandgesetzten Bau am Stadtrand den Behörden des ehemaligen Fleckens Waldvucht überließen. Die Eisenanker, die auf der Hofseite die Jahreszahl 1710 bilden, gelten nur für die nördliche, jüngere Hälfte des über mittelalterlichen Grundmauern errichteten Schlößchens.

Seit der **Grachter Hof** und das **Haus Herb in Dremmen** der Zeit und der Spitzhacke zum Opfer gefallen sind, blieb in dem seit 1201 bekannten Kirchort allein das seit dem 13. Jahrhundert bekannte **Haus Hülhoven** erhalten. Die Mulart von Hülhoven, später nur noch von Hülhoven genannt, besaßen außer dem Unteren Hof die Burg im Hof an der Linde. Der dazu gehörende Besitz war groß genug um 1392, 1450 und 1486 neben dem Gut Bruchhausen weitere Teile an Adelsfamilien der Umgebung abzutreten. Erben des Johann von Hülhoven (1502) erwarben 1564 das **Gut Bruchhausen** wieder. Nachdem Peter Adrian von Hannet zu Beeck 1688 die Alleinerbin Elisabeth geheiratet hatte, blieb die inzwischen umgebaute Burg bis 1818 im Besitz der von Hannet. Das im Kern noch aus dem 15. Jahrhundert stammende Wohnhaus hat nach dem großen Erweiterungsbau von 1891 und den Kriegsschäden von 1945 den schweren Eckturm mit dem Fachwerkaufsatz behalten. Die dreiflügelige Vorburg zeigt hinter dem stumpfen Torturm und der Durchfahrt im Mauerwerk die Eisenanker-Jahreszahlen 1776 und 1790.

Die Kölner Handschrift des Codex Welser berichtete 1723: „Heinßberg liegt ohnweit die Rohr, und hat den Namen alß Hendrichsberg, ein Arm des Wurms fließet durch die Statt. Die Kirch S. Gangolphi liegt auf einem Högel in der Statt, und das Schloß daneben gegen das Feld". Daß die Chronik von St. Trond bereits 1085 Graf Goswin I. von **Heinsberg** als Besitzer der Burg erwähnt, davon ist in der „Gülischer Beschreibung" keine Rede. Andere Berichte halten den 1082 in der Gefangenschaft Bouillons gestorbenen Grafen Dietrich von Wassenberg für den ersten Besitzer des Heinsberger Burgbergs. Ob sein Vetter Goswin I. erst um die Jahrhundertwende daranging, das ganze Gelände auf dem Hügel in eine mit ummauerten Böschungen umgebene Festung zu verwandeln, läßt sich an Hand der 20 Meter langen und 4 bis 5 Meter hohen, von Buschwerk überwachsenen Ruine schlecht feststellen. Immerhin war das befestigte Hügelgelände groß genug, um der Gräfinwitwe Oda 1129 Gelegenheit zu geben, in seinem Bereich in dem Heiligen **Gangolf** geweihtes **Stift** zu gründen und im Anschluß daran mit dem Bau der Stiftskirche, der heutigen **Propsteikirche**, zu beginnen. Warum ausgerechnet der als Pfaffenkaiser verschriene Konrad III. die Burg Heinsberg 1144 ebenso gründlich wie die von Gangelt und Millen durch den Herzog von Limburg zerstören ließ, erscheint paradox angesichts der Tatsache, daß der nachmalige Erzbischof von Köln und Kanzler des

Herzogliches Rentamt in Heinsberg

Reiches als Vierzehnjähriger mitansehen mußte, wie das Werk seiner Großeltern in Flammen aufging. Vielleicht trug der rasche Wiederaufbau dazu bei, daß der schöne **Philipp von Heinsberg** als Kirchenfürst zu einem der bedeutendsten Burgensammler seines Erzbistums wurde. Seiner Geschichte und der seiner Nachfahren näher verbunden fühlt man sich vor dem Hochgrab in der Kirche, dessen Liegefiguren den noch ganz und gar burgundisch wirkenden Johann den Streitbaren († 1439), seine Frau Margarethe und seinen Sohn Johann II. darstellen. Am Fuß des Burg- und Stiftsberges ist im ehemaligen, aus dem 16. Jahrhundert stammenden **Rentamt der Herzöge von Jülich** das Museum des Kreises Heinsberg untergebracht, dessen Ausstellungen, Quellen und Belege die Geschichte von Burg, Stift und Stadt deutlicher machen, als wir es an dieser Stelle können.

Rur – Schwalm – Nette – Fleuth

Die Wurm läßt sich Zeit in die Rur zu münden. Daß sie früher hinter dem Kapbusch bei Himmerich der Rur zufloß, erklärt, warum die Niederungen der heute bis Karken im Abstand von einigen Kilometern nebeneinander her fließenden Flüsse eine gemeinsame Talbreite von 7,5 Kilometern haben. Ihre Barrieren und Niederungen boten Platz für zahlreiche befestigte Plätze, deren Adelshöfe, Burgen und Kastelle trotz der Zerstörungen durch den letzten Krieg immer noch ‚denkmalswert' sind. Manchen ist ihre ursprüngliche Bedeutung nicht mehr anzusehen; um so eindringlicher zählen die noch erhaltenen Grabsteine in ihrem Kirchenspiel Herkommen, Rang und Namen ihrer adeligen Herren auf. Weiter nördlich sind, ebenso grenzentlang, im Wasserwinkel zwischen Schwalm und Niers an Nette und Fleuth Türme, Wasserburgen und Schlösser zu finden, die einen Abstecher mit Geschichte und Geschichten belohnen.

Noch ehe sich bei Randerath die Wurm teilt, liegen rechts und links der Bahnlinie Erkelenz-Geilenkirchen nahe Würm die vier Adelshöfe Zumdahl, Kleinsiersdorf, Honsdorf und Beeck. Aus dem weiter südlich auf Geilenkirchen zu liegenden **Haus Immendorf**, das Dietrich II. von Heinsberg 1296 erwarb, um es den beiden Brüdern Dietrich und Johann von Immendorf zu Lehen zu geben, wurde 1458 ein Erbgut der Familie von Mirbach, deren gräfliche Linie von Mirbach-Harff 1702 die Burg übernahm. Der verblüffende Satz Renard's: Im 18. Jahrhundert ist an die Stelle der Burg ein einfacher Ackerhof getreten, überläßt es dem Burgenbesucher, ob er nach dem großbogigen Tor zwischen Wohnhaus und Scheune fragen will.

Vom **Haus Zumdahl** bei Kraudorf heißt es in der Bestandsaufnahme der Baudenkmäler Nordrhein-Westfalens, daß der spätgotische Turm mit der birnenförmig geschweiften Haube aus dem 15. oder 16. Jahrhundert stammt und wie das nahezu dreihundert Jahre jüngere, von Wassergräben umgebene Wohnhaus einige Treffer abbekommen hat.

Haus Hülhoven bei Dremmen

Die **Wasserburg Kleinsiersdorf** an der Wurm kann sich auf einen Vorgängerbau aus dem 16. Jahrhundert und auf einen adeligen Ahnherrn von 1244 berufen. Das zweigeschossige Herrenhaus aus dem 18. Jahrhundert wurde bis auf die Außenmauer zerstört. Im Besitzregister erscheinen nach den von Randerath, die von Hochsteden, die Freiherren von Fürth und die Grafen von Mirbach-Harff.

Mehr noch an Glanz verlor **Haus Honsdorf**, das im 16. Jahrhundert drei Brücken und sieben Türme besaß. Herren von Honsdorf, deren Name 1244 zum erstenmal genannt wird, konnten den Burgsitz bis gegen Ende des 14. Jahrhunderts halten. Ihnen folgten die von Driesch, 1451 Wilhelm von Nesselrode und nach dem einjährigen Zwischenspiel eines rasch entschlossenen Wiederverkäufers 1495 Johann von Leerodt. Umbau, Erbteilung und Verkauf brachten Honsdorf 1668 an die Familie von Mirbach zu Harff, unter deren Ägide das 1711 nach einem Brand neu errichtete Wohnhaus 1897 abgerissen und durch ein Pächterhaus ersetzt wurde. Nachdem bereits 1815 der größte Teil der Gebäude rings um den Hof niedergelegt worden war, wurde 1945 der bis dahin noch erhaltene Turm gesprengt, weil er noch schwerere Kriegsbeschädigungen davongetragen hatte, als die restlichen Teile der alten Burg.

Haus Beeck südlich von Honsdorf, wie der gleichnamige Ort im Brennpunkt der Winterschlacht 1944, erging es nicht besser. Die ursprünglich spätmittelalterliche Wasseranlage, mit der Hermann von Randerath 1422 belehnt wurde, wechselte als Heiratsgut der Erbtöchter in 150 Jahren viermal den Besitzer, um dann 1647 an Peter Adrian von Hannet verkauft zu werden. Über den Restbauten des 16. und 17. Jahrhunderts ließen die eingeheirateten Herren von Holling 1784 ein neues Herrenhaus errichten. Den mit Schießscharten versehenen Wirtschaftshof hat der letzte Krieg vernichtet. Das bis auf die Außenmauern zerstörte Herrenhaus wurde in so schlichter Form wiederhergestellt, daß niemand den weißgekälkten Mauern die sechshundertjährige Geschichte des Hauses Beeck ansieht.

Die **Burg Randerath**, durch Zeitungsmeldung noch in vieler Ohr, weil Ende 1979 in der noch erhaltenen Kellnerei Ratten eine siebzigjährige Frau töteten, ist der Stammsitz der Edelherren von Randerath, die, 1048 zuerst genannt, mächtig genug waren, nach 1100 Goswin II. von Heinsberg zusammen mit dem Kölner Erzbischof herauszufordern. 1157 wurde die Burg Hartpers von Randerath durch Erzbischof Friedrich II. zerstört. Die wiederaufgebaute Feste, die Gerhard von Randerath samt dem Ort 1225 Herzog Walram von Limburg als Lehen antrug, ging vier Jahre später bei Auseinandersetzungen mit dem Lehnsherrn erneut unter. 1310 boten seine Erben den abermals instandgesetzten Bau den Heinsbergern als Offenhaus an. Mauern, Tore und Türme gaben Randerath nach 1350 den Status einer befestigten Stadt. Als Arnold von Randerath 1384 starb, verkauften seine Töchter Katharina und Maria 1391 Burg, Stadt und Land an Herzog Wilhelm II. von Jülich. Als Sitz eines herzoglichen Amtmanns 1543 im Geldrischen Erbfolgekrieg von den Truppen Kaiser Karls V. verbrannt, erhob sich die Stadt nie wieder zu ihrer einstigen Größe. Zwei große Brände, die sie 1670 und 1717 heimsuchten, und plündernde Truppen führten dazu, daß die Burg wie die Stadttürme abgebrochen wurde. An ihre Stelle trat 1766 das langgestreckte Gebäude der Kellnerei, deren Strebepfeiler Reste des mächtigen Burgturms aus dem 14. Jahrhundert sind. Beschuß beschädigte 1945 Dächer, Decken und Wände; das Innere konnte wieder instandgesetzt werden.

Haus Hall in Ratheim, lange Zeit Depot der Bundeswehr, wird renoviert und sperrt deshalb seine Besucher nicht länger aus. Der Stammsitz der Herren von Ratheim gehörte bereits 1248 einem Gottfried von Hall, dessen Sohn Wilhelm (1262–1269) den Namen genannt Schilling von der Hallen führte. Dem letzten des Geschlechts folgten 1388 als Lehnsträger der Heinsberger Grafen Sietz von dem Horrich und Rixchen von Wambach. Johann von Olmissen, genannt Mulstroe, 1517 mit der Wasserburg Hall bald nach ihrem Ankauf belehnt, unterstützte die Wiedertäufer, die unter Führung seines Kaplans Gillis von Ratheim einen Zug nach Münster organisierten. Daß er mit zahlreichen Anhängern aus Hückelhoven und Wassenberg unterwegs abgefangen wurde, tat ihrer täuferischen Überzeugung keinen Abbruch: frühe reformierte Gemeinden traten nach dem Fall Münsters ihr Erbe an. 1688 kauften die Freiherren von Hochkirchen den spätgotischen Bau mit dem kleinen Binnenhof, der 1785 angeblich von dem letzten, 1794 verstorbenen Freiherrn von Olmissen umgebaut worden sein soll. Das farbige Bild eines unbekannten Zeichners zeigt 1702 das Freyadliche Haus Hall mit einem Satteldach, drei Schornsteinen, zwei ungleichen Zwiebelhauben und drei Giebeln über rotweißen Fachwerkwänden. Seine neobarocken Formen und die beiden Flügelbauten erhielt Haus Hall erst 1904 unter dem Freiherrn Adolf Spies von Büllesheim, der bei dieser Gelegenheit auch die der Freitreppe vorgelagerte Vorburg mit ihren beiden Durchfahrten und den Turmaufbauten neu herrichten ließ.

Der **Mahrhof**, westlich der Zeche Sophia Jacoba und linker Hand der Straße Millich-Ratheim, läßt nicht erkennen, daß er bis 1578 Teil des Grundbesitzes von Haus Hall war und dann erst von Gotthard von Olmissen († 1617) angelegt wurde. 1720, nach der Heirat seiner Schwester Agnes mit einem von Hompesch-Rurich von Johann Reinhard von Olmissen geteilt, gelangte das Gut an die von Goltstein und 1821 an die Freiherrn von Pelden. Ohne das Wappen über dem Tor wäre dem einfachen, früher von Gräben umgebenen Hof nicht anzusehen, daß er noch aus dem 17. Jahrhundert stammt.

Hückelhoven, das seit 1969 mit Ratheim eine Stadtgemeinschaft bildet, verdankt seinen Namen dem hinter der Pfarrkirche gelegenen, jetzt als Altenheim dienenden Haus Hückelhoven. Von ihm heißt es, daß ein Sibert von Hückelhoven 1261 das Patronatsrecht der bis 1888 noch erhaltenen alten St.-Lambertus-Kirche erworben habe. Das Lehnsregister der Wasserburg nennt vier Jahre nach der Hubertusschlacht bei Linnich (1444) noch einen Thonis von Hückelhoven; an seine Stelle trat 1470 Johann von Olmissen genannt Mulstroe. Als sein Sohn oder Enkel Johann nach dem Erwerb von Haus Hall die Wiedertäufer in Schutz nahm, war er wie seine Nachkommen reich genug, ein neues Zweigiebelhaus aus Ziegeln mit dem danebenstehenden viergeschossigen

Turm zu bauen. Die Brandschatzung und Besetzung 1586 durch die Spanier hinderte die Burgherrn nicht, dem ramponierten und wiederhergestellten Turm eine achtseitige Haube mit offener Laterne aufzusetzen. Über die inzwischen verschwundene Mauerbrücke zog nach den von Beeck 1695 der Generalfeldmarschalleutnant Freiherr von Zobel als Bräutigam der Erbtochter Agnes Elisabeth ein. Ihn beerbte sein nicht weniger militärischer Schwiegersohn Friedrich Wilhelm Freiherr von Calcum, der als preußischer General unter Friedrich dem Großen diente. Sein Schwager von Deelen, der ihn 1768 ablöste, überließ der eigenen Tochter den Verkauf der Burg an einen Gymnasialdirektor in Roermond, der großzügig genug war, drei Jahre später, 1833, Hückelhoven samt Hof und Garten der Pfarrgemeinde zu schenken.

Durch die Neueinteilung des Kreises sind auch die Burgen in Kleinbouslar, Keyenberg und Borschemich zu Heinsberg gekommen.

Kleinbouslar, nördlich von Hottorf und ostwärts von Lövenich, ist seit dem 15. Jahrhundert ein Rittersitz der Vögte von Lövenich, die 1654 Herrschaft und Burg dem Enkel des letzten Namensträgers Adam von Lövenich übergaben. Der schlanke, freistehende Turm neben dem Herrenhaus stammt aus der Zeit von 1500. Der ursprünglich wasserumwehrte Hof erhielt wie der Hausteintorbau mit der wuchtigen Durchfahrt seine Gestalt unter Johann Adam von Kesselstadt und dem ihm 1697 folgenden Schwiegersohn Stael von Holstein.

Haus Keyenberg, nahe der Plektrudisburg und der angeblich vom Heiligen Suitbertus 716 geweihten Kirchstätte, könnte aus dem früheren fränkischen Königshof gleichen Namens hervorgegangen sein. Doch soviel römisches Gestein sich im Boden fand, den historischen Nachweis für das immer noch von einem Rundwassergraben umgebene Gutshaus ist uns die Geschichte schuldig geblieben.

Seit die Baumstämme im ausgetrockneten Graben von **Haus Palant in Borschemich** gefällt worden sind, läßt sich die Hauptburg mit den Schweifgiebeln des Herrenhauses und dem vorgesetzten Turm besser überblicken. Beide stammen aus dem 16. Jahrhundert, wahrscheinlich aus den Jahren nach 1584, als Christoph von Palant zu Breitenbend Margarethe von Harff heiratete und damit der bisher Birsmich genannten Wasserburg ihren neuen Namen gab. 1296 war ein Vasall der Myllendonker namens Gottschalk Herr von Birsmich. Ihm folgten in zwei Jahrhunderten drei Adelsgeschlechter, bis 1511 Johann Klaitz von Harff die Burg erwarb.

Im **Wahnenbusch** bei Kückhoven liegt auf der Erkelenzer Seite der hier einst zwei bis drei Meter hohen Lövenicher Landwehr eine Schanze, die früher als Burg bezeichnet wurde. Neun Durchlässe für mehr oder minder wichtige Straßen – darunter die alte Heerstraße Köln – Erkelenz – Roermond – deuten die Länge des bis 1713 mit dichtem Gebüsch und Dornholz bestückten Grenzwalls an, der seine Funktion verlor, als Erkelenz vom Herzogtum Jülich einverleibt wurde. Ungeachtet dessen schoben sich Jülichs Schanzen noch lange nach dem Spanischen Krieg bis zum Effelder Busch, zum Silverbach und zur Schwalm vor.

Haus Hall in Ratheim

Im Gegensatz zu **Haus Effeld**, dessen erster Namensträger 1256 ein Ritter Rutger von Effeld war, gehörte das nahegelegene ebenfalls von Wassergräben umgebene **Haus Neuerburg** in Effeld im 13. Jahrhundert den reichen Herren von Vlodorp. Während Effeld seinen Schloßcharakter aus der Zeit um 1500 behalten hat, erhielt die Wasserburg Neuerburg erst nach 1700 ein neues Haus, das damals als sehr schön bezeichnet wurde. Das 1549 durch Heirat an Werner von Hochkirchen überkommene Erbe der Caecilia von Vlodorp und ihrer Tochter Adriana von Hocherbach gelangte 1707, ebenso durch Heirat, an die Freiherren von und zu Velen. Prozesse, die die Grafen von Mirbach als Nachkommen der von Hochkirchen gegen Erbansprüche andrer Familien durchsetzten, führten 1771 zum Erfolg. Ihre Erben ließen wie in Immendorf und Kleinsiersdorf das Herrenhaus nach 1850 abbrechen, ohne damit dem malerischen Eindruck Neuerburgs Abbruch zu tun.

Haus Elmpt, unmittelbar neben der Pfarrkirche des gleichnamigen Ortes am nahen deutsch-niederländischen Grenzübergang, war von 1203 bis 1661 Eigentum eines Adelsgeschlechts, das seinen Namen trug und im 14. Jahrhundert auch das benachbarte Schloß Dilborn besaß. Der Bau aus dem 16. Jahrhundert ging durch viele Hände. Brand und Umbau nahmen ihm bereits vor dem Krieg den Charakter einer Burg.

Nahe der von Elmpt nach Mönchengladbach führenden Bundesstraße 230 liegt in Waldniel hinter einem steinernen Wappentor **Haus Klee**, so geschönt und modernisiert, daß man dem alten Rittergut und Sattellehen seine fünfhundert Jahre nicht glaubt. Ritter wie Junker bekannter niederrheinischer Adelsfamilien hatten viel Ärger mit der Wasserburg, bis die Konfessionsstreitigkeiten um die ortsansässigen Weber ausgetragen waren. 1870 wurde die alte Burg durch ein neugotisches Schloß ersetzt.

Das heute als Seniorenheim dienende **Kastell Schleveringhoven** südlich von Bracht galt um 1400 als Lehen der Herzöge von Geldern, das nach 1589 als erblicher Besitz der Familie Kortenbach zu Leuven und Kortenbach bezeichnet wurde. Die geweißten Außenwände lassen teilweise noch das ältere mächtige Mauerwerk erkennen, das einmal den van Vorst tot Vorst tot de Manhorst gehört hat.

Unter dem Namen **Sprinkelhoven** war das spätere **Weiher-Kastell** in Breyell bereits 1288 bekannt, als die Grafen von Geldern Sibert von Krickenbeck mit dem Hof an der Quelle belehnten. Seine Erben, der Amtmann Sibrecht wie Heinrich „der Lange" und ihre Nachfolger, behielten ihren Familiennamen von Krickenbeck, bis 1405 einer der Ihren, gemäß allgemeinem Brauch, sich Dietrich von Sprinkelhoven nannte. Ein Hermann von Sprinkelhoven im Aufgebot seines Herzogs wurde 1543 beim Kampf um Düren durch einen Schuß ins Bein tödlich verwundet. Erbteilung zwang die Söhne, das Gut zu verkaufen. Da das alte Haus verfallen war, konnten spanische Truppen aus den Niederlanden das Kastell zwischen 1578 und 1591 viermal plündern. Den Rest besorgten die Holländer, die 1632 Breyell brandschatzten. Das neue, heute noch bestehende Herrenhaus ließ 1634 der Heinsberger Vogt Rudolf von Kamphausen errichten. Der Wachtturm entstand hundert Jahre früher, die Vorburg

Haus Klee in Waldniel

mit dem Wirtschaftshof hinter den breiten Wassergräben 1726. Unter den teils bäuerlichen, teils bürgerlichen rasch wechselnden Besitzern fiel zuletzt ein Industriewerk aus dem Rahmen, das hier seine Mitarbeiter schulte und im Frühjahr 1976 das Weiheroder Weyer-Kastell für 1,7 Millionen Mark zum Verkauf anbot.

Als wir uns im Busch von **Kaldenkirchen** dem **Gut Altenhof** am Königsbach näherten, schlossen sich automatisch die schweren Schiebetüren des Hoftors vor den gegenüber dem Herrenhaus stehenden Lastwagen. Entmutigt von soviel Mißtrauen oder Vorsicht, begnügten wir uns damit, nach der Geschichte des Stammsitzes der Reichsgrafen von Spee zu forschen; denn die dafür zuständigen Handbücher wußten über das Haus des Ritters Heinrich in gen Altenhoven (1312) nur zu sagen, daß es 1648 als Grenzbollwerk der 1500 Meter weiter östlich liegenden Wasserburg Barlo auf geldrischer Seite entsprach. Daß Heinrich Spede dem Ritter Heinrich für Altenhof 1326 bare 800 goldene Schilde auf den Tisch gelegt hat, erfuhren wir erst im Kreisarchiv Kempen. Bei der Belagerung Venlos durch Karl V. wurde der Hof 1543 „elendig von den Burgundischen abgebrannt". Das neue Haus ging drei Jahre nach seiner Fertigstellung in Flammen auf. Spanische Söldner, die Maastricht erobert hatten und das Amt Brüggen verheerten, zwangen Arnold Spee mit seiner Familie nach Rheindahlen zu flüchten. Das 1664 gebaute neue große Wohnhaus mit dem Walmdach gab Friedrich Christian von Spee erst auf, als er, zum Amtmann von Angermund berufen, seinen Wohnsitz von Kaldenkirchen nach Heltorf verlegte. Verkauft haben die Erben Altenhof erst 1833.

Die ehemalige Wasserburg **Haus Barlo** der Herren Baerle, die später von den Beeck, von Ingenhoven und von Katterbach bewohnt wurde, hat aus ihrer frühesten Vergangenheit nur die Fundamente behalten. Das im 19. Jahrhundert völlig überarbeitete Haus inmitten der früheren, bis ins 15. Jahrhundert ertragreichen Obstanlagen „ist etwa 400 Jahre alt". Mit dem Gut belehnt wurde 1326 ein Heinrich von Barle.

Aus dem niederländischen Heerlen stammt die Familie der Grafen von Schaesberg, die 1682 das Rittergut **Haus Bey** an der Straße vom De Witt See nach Hinsbeck erwarb. Wahrscheinlich haben erst die Mittel des seinerzeit viel gerühmten Amtmanns von Brüggen, Johann Friedrich von Schaesberg (1598–1671), dazu gereicht, dem Schlößchen mit dem angelehnten Haubenturm seine heutige Gestalt zu geben. Wie die frühere Burg unter den Herren von Holthausen, von Ketzgen und von Weedt ausgesehen hat, ist nicht überliefert. Nach einem Zwischenspiel als limnologische Station im Zweiten Weltkrieg dient Haus Bey heute wieder den Grafen von Schaesberg als Wohnung.

Kastell Schleveringhoven bei Bracht

Gut Altenhof in Kaldenkirchen

Niershöfe – Niersburgen

Der Niersrhein ist keine Erfindung umleitungslustiger Kanalbauer, die das Rheinbett verlagern möchten. Mit Niersrhein ist der Nebenarm des Rheins gemeint, der noch nach 1150 zur Zeit Barbarossas durch die Niersniederung floß. Rechts und links der 120 Kilometer langen Niers, die von ihrer Quelle bis zur Mündung in die Maas niederrheinischer als Erft und Rur ist, sind beide Ufer typisches Wasserburgenland mit zum Teil längst in Vergessenheit geratenen Ackerburgen und Adelshöfen.

Haus Broich bei Willich gehört zu den Höfen, die man suchen muß. Die ungewöhnliche Form der Turmhauben läßt vergessen, daß der von einem doppelten Grabensystem umzogene Herrensitz schon 1495 ein lehnsfreies Allodialgut war. Das Herrenhaus inmitten des reich bestückten Landschaftsparks wird jetzt von Grauen Schwestern bewohnt, die in Haus Broich ein Kinderheim unterhalten.

Der Berfes auf dem **Gelleshof** zwischen Anrath und Vorst ist ein ummauerter Bergfried, der um 1500 dreigeschossig aus Eichenbalken und Fachwerk im Eck der früher wasserumwehrten **Etgenhof** entstand. Das Lehen der Kurfürsten von Köln gehörte den Herren von Hüls, deren häufig wiederkehrender Vorname Geldolf dem Gelleshof seinen Namen gab. Frühe Urkunden nennen ihn 1346 und dann erst wieder 1584, als Ludwig von Danwitz im Truchsessischen Krieg die Erbin Anna von Hüls heiratete. Von Kurköln im Mai 1590 mit dem Hofgut belehnt, ließ der neue Herr den Fachwerkturm zu einem Wohnhaus umbauen, wobei er das größere Dach über dem alten Sparrenwerk des Berfes und den Renaissancegiebel anbringen ließ. Nach dem Tod des letzten von Danwitz 1922 ließ Dr. Walther Föhl das von ihm 1959 erworbene Berfeshaus wiederherstellen.

Auf dem benachbarten, zu St. Tönis gehörenden **Hof Großlind** blieb ein riedgedeckter Rundbau von 1730 erhalten, der fälschlicherweise als Roßmühle bezeichnet wird, in Wirklichkeit aber ein heute als Pferdestall dienender Schafstall ist. Das Handbuch der Deutschen Kunstdenkmäler bezeichnet den Bau der Kehner Schöffensippe als „einziges Baudenkmal seiner Art am Niederrhein".

1974 wurde **Haus Donk** bei Vorst samt Torturm, Rittersaal und Wappenschauwand wieder so instand gesetzt, daß der seit 1259 bekannten Wasserburg des Gottfried und Konrad von der Donk (1310) heute neue Bedeutung zukommt. Im 16. Jahrhundert hatte die Niersburg, ohne die Wirtschaftsräume und Speicher, eine Wohnfläche von 623 Quadratmetern. Ausgebaut unter den von Eyll und von Hompesch, ist der Torturm mit seinen niederländischen Specklagen aus Ziegeln und Sandstein ein seltenes Beispiel dieser Schichtmauerungstechnik am Niederrhein.

Ein Giselher von Brempt war 1279 Zeuge des Grafen von Kessel beim Verkauf seiner Grafschaft an Rainald von Geldern. Umgeben von den Gewächshäusern einer Großgärtnerei ist **Haus Brempt** heute mitten in Vorst ein spätgotischer Adelssitz mit Herrenhaus,

Haupt- und Torturm, der 1440 Sibert Spee gehörte. Ihm folgten die von Cloerland, von Honselar und von Efferen, deren Burg 1660 zerstört und sofort wieder aufgebaut worden ist.

Warum **Haus Steinfunder** an der Kleinen Schleck zwischen Grefrath und Kempen trotz seines interessanten gotischen Wohnturms so in Vergessenheit geraten ist, daß selbst die Grefrather kaum wissen, wie man zu ihm kommt, läßt sich nur mit dem Überfluß an mehr oder weniger alten Wasserburgen in der Umgebung erklären. Die zwischen 1500 und 1600 zusammengewachsenen Bauteile des Giebelhauses und haubenbewehrten Turms von Steinfunder wären es wert, ausführlicher beschrieben zu werden.

Wer es nicht anders weiß, ist auch mit der kärglichen Auskunft über das auf dem linken Niersufer bei Grefrath liegende **Haus Niershoff** zufrieden, die von dem in einem Eichen-, Lärchen-, Linden-, Rotbuchenwald liegenden Herrensitz nur zu berichten weiß, daß ihn eine doppelt gestaffelte Grabenanlage umgibt und daß er „in seiner Geschichte noch wenig erforscht" ist. Auf der Karte des Amtes Oedt von 1661 ist der Neershoff jedenfalls deutlich lesbar und richtig vermessen eingetragen.

Die „wilden leuffe in diesen Landen", von denen 1475 die Rede ist, beschränkten sich nicht nur auf das kurkölnische Gebiet; die Kölner waren stark genug, 1477 die starke **Burg Uda in Oedt** zu stürmen. Weiter nördlich von Kempen wurden auch die geldrischen Burgen an Niers und Fleuth in Mitleidenschaft gezogen.

Zwei Kilometer nördlich von Wankum liegt links der Niers **Haus Ingenraedt**. Von der Wallbefestigung der **Steckelenborg**, des **Grachtsheuvel** und des **Ringelsberg** ist längst keine Rede mehr, obschon alle drei einander ähneln. Versuche, sie genauer zu datieren, haben wenig eingebracht. Um so besser sind wir über den ehemaligen Wachtturm und die frühen Besitzer von Ingenraedt orientiert. 1360 war er Eigentum Wienands von Bocholt, 1402 Gerhards in gen Raide, 1424 Henrichs von Hertefeld, dessen Sohn Gerhard sich 1436 den gegen Herzog Arnold von Geldern rebellierenden Adeligen anschloß. Unwohnlich wurde die Wasserburg erst im Lauf der nächsten zweihundert Jahre; denn als die Brüder de Haen sie im März 1626 erwarben, fanden sie das Haus „ingevallen, bouvellig ende ruyneux". Die aus Eisenankern gebildete Zahl 1627 unter dem Barockgiebel und dem Wappen zeigt, daß die de Haen unverzüglich mit dem Wiederaufbau begonnen haben. Die Erbfolge der jeweiligen Schwiegersöhne und Käufer aufzuzählen, müßte zu weit führen. Wir beschränken uns darauf, an dieser Stelle auf die „Baronin im Schutzmantel Emilie von Loe" hinzuweisen.

Haus Holtheide an der Straße Wachtendonk–Straelen sieht nur von der Brückenseite so grimmig aus. Der schlanke, kaum mehr als zwei Meter breite Treppenturm im Innenhof versöhnt mit der kriegsmäßigen Abwehrbereitschaft, die nur dann verständlich wird, wenn man weiß, daß die Quader von der nahen Burg Pellant stammen, die der niederländische Gouverneur 1583 vor den Augen Bertrams von Bylandt niederbrennen ließ, als Bylandt sein Gast war. Da ihm auch die seit 1450 genannte Wasserburg Holt-

Der Gelleshof bei Anrath

heide gehörte, benutzte Bertram die Trümmer, um Holtheides Wehrmauern so zu verstärken, daß sie alle Zeitläufe überstanden. Im Juli 1432 teilten sich die Geschwister Johann, Wilhelm und Katharina von Bocholtz in die jährlich zu zahlenden 280 Arnheimer Goldgulden, die Gerhard von Eyll mit seiner Frau, für das bis dahin noch **Meyersdonk** genannte Haus zahlte. Unter ihren Nachkommen, die zum Teil als Beamte des Herzogs im nahen Straelen tätig waren, erhielt das Gut an der Niers den Namen **Haus Eyll**. Gouverneure, Barone und Grafen, die nach 1646 Eyll erwarben, konnten nicht verhindern, daß dem Gut 1724 von den Preußen wegen einiger Nachlaßprozesse die rittermäßige Qualifikation versagt wurde. Als Preußens König Friedrich Wilhelm II. den Geheimrat Ludwig Plesmann 1786 adelte, waren damit alle Scharten ausgewetzt, die den neuen Herrn auf Eyll noch hätten beschweren können.

Weshalb Engelbert von Oirsbeck sich 1390 verpflichten mußte, „aus seinem Haus und dessen Vorburg Vlasrotten dem Herzog von Geldern keinen Schaden anzutun", berichtete keine Chronik. Als Johann von Kriekenbeke 1424 „dat steenen Huys Vlasroeten" übernahm, gehörte auch eine Mühle dazu. Seinem Sohn, Engelbert, der 1432 Ritter, Rat und Amtmann von Straelen war, folgte zehn Jahre später der Schwiegersohn Engelbert I. von Brempt. **Vlaßrath** blieb fast zweihundert Jahre im Besitz seiner Familie. Die letzten ihres Namens starben 1617 an der Pest, vier Jahre nachdem die Eltern des Paares das im spanisch-niederländischen Krieg zerstörte Haus wiederaufgebaut und den schönen Kamin mit dem Doppelrelief und den 16 Wappen hatten setzen lassen.

Haus Ingenray, zwischen Niers und Kleiner Niers südlich von Pont, war 1394 und 1420 unter dem Namen Ingen Rade als Gut der Pächterpaare Holtappel und Offermann bekannt. Der Hof gehörte dem Ritter Hermann von Lievendael auf Kerpen; doch schon mit der nächsten Generation ging der Hoff op gen Rade an die von Eyll über, die von Haus Eyl im klevischen Huisberden stammten und zeitweilig Droste von Geldern waren. Durch Adriana von Eyll gelangte das inzwischen als Wasserburg befestigte Haus an die von Boedberg. Nach dem Tod des letzten Freiherrn von Boedberg 1684 ging das Rittergut durch verschiedene Hände, bis Hans Stratmann es in unseren Tagen wieder instand setzen ließ, um darin zu wohnen.

Die **Burg Diesdonk**, die sich in den letzten Jahren einen Namen als Kunstgalerie gemacht hat, liegt südlich von Geldern an der Bundesstraße 58. Das freiadelige Gut des Drost Elbert von Eyll II. ging kurz nach 1415 in den Besitz der geldrischen Drostenfamilie von Egern über, die 1573 durch Heirat zeitweilig auch Haus Ingenray an sich brachte. Diesdonk galt lange Zeit als vornehmstes Gut der versippten Familien von Egeren und von Boedberg. Nach 1667 übernahm die Familie von Koelken den Rittersitz, um ihn an die von Steinen zu verkaufen. Ihnen folgte 1724 der Generalmajor Alexander de Beaufort. Häufiger Besitzerwechsel im 19. und 20. Jahrhundert machen es unmöglich, alle Eigentümer aufzuzählen. Inzwischen haben sich die Tore von Burg Diesdonk wieder geschlossen; die Kunstgalerie ist nach Düsseldorf gezogen.

Das einfache feste Haus, das Ernst von Salomon beschrieb, liegt „vor den Toren

Haus Steinfunder zwischen Gefrath und Kempen

Gelderns" an der Straße nach Sevelen und heißt **Grotelaers**; es gilt als „Ausgangspunkt" der preußischen Linie der von Salomon. Ob Grotelaers tatsächlich schon 1349 bestanden hat, ist zweifelhaft, dennoch hat das vermutlich 1696 errichtete Haus mit dem vorgesetzten Turm einen eigenen Reiz, der durch die Pappelallee und die exotischen Sträucher wahrscheinlich heute mehr unterstrichen wird als zur Zeit des königlichen Lehnsstatthalters von Petit, dessen Tochter 1789 den aus Rufach im Elsaß stammenden Secondeleutnant Ludwig Friedrich Cassan von Salomon heiratete.

Das Burghaus Gesselen oder te Gesselt, mitten auf freiem Feld zwischen Wetten und Geldern, ist seit 1247 aus der Zeit Ottos II. von Geldern bekannt. Das Lehnsregister führt von 1390 bis 1615 Herren von Pellant, von Eyll und von Hornum an. Niederländer, die 1584 die Burg stürmten und anzündeten, gingen so gründlich vor, daß bis zum Wiederaufbau mehr als dreißig Jahre verstrichen. 1671 mußte die Familie von Asselt das Gut an die Freiherrn und späteren Grafen von und zu Hoensbruch verkaufen.

Hinter der ehemaligen Landwehr im Winkelschen Busch liegt an der Straße nach Sonsbeck in der Niederung der Fleuth **Haus Winkel**, das 1371 einem Reyner von Gestel gehörte und dann durch die Jahrhunderte abwärts keinen Namen der adeligen Umgebung ausließ. Erst als Bernhard von der Heyden, genannt de Rynsch, 1633 die Schwester des Besitzers zur Frau nahm und damit das wasserumwehrte Haus Winkel erwarb, blieb das landtagsfähige Rittergut Eigentum seiner Familie. Der klassizistische Bau mit Dachreiter und Wappen gehört heute zu einem in dem freistehenden Wirtschaftstrakt untergebrachten Reitstall.

Haus Hertefeld in Weeze ist nur noch ein Fragment des Schlosses, das Jan de Beyer 1743 gezeichnet hat. Herren von Hertefeld hat es schon zweihundert Jahre früher gegeben, ehe die Burg auf dem rechten Niersufer in einer Verkaufsurkunde erschien, die bescheinigt, daß Graf Dietrich von Kleve 1322 das Haus gekauft hat. Als klevisches Lehen blieb es Wohnsitz der Familie von Hertefeld, die sich schon früh dem Protestantismus und den Kurfürsten von Brandenburg anschloß. Stephan von Hertefeld schlug 1609 nach dem Tod des letzten Herzogs von Kleve öffentlich das brandenburgische Wappen an die Tore der Stadt Kleve und mußte deshalb mitansehen, wie Spanier einige Jahre später sein **Haus Kolk** überfielen und zerstörten. Als im Frühjahr 1945 der Krieg von dem um 1700 anstelle der alten Wasserburg erbauten Haus Hertefeld nur ein Nebengebäude übrigließ, war der Graf zu Eulenberg-Hertefeld gezwungen, nach dem Verlust seiner märkischen Güter damit vorliebzunehmen.

Schloß Kalbeck bei Goch hat zwar durch den Krieg an Bausubstanz verloren, doch blieb von dem 1909 nach einem Brand in zwei Jahren wieder errichteten Bau der Freiherren von Vittinghoff-Schell soviel erhalten, daß man die Zeichnungen Altkalbecks heranziehen muß, um vergleichen zu können. Die erste Burg, die Graf Reinald II. von Geldern 1326 seinem Vetter und vier Jahre später seinem Schwager zu Lehen gab, hatte wahrscheinlich bis auf den Bergfried nur wenig mit den Bildern von 1731 und 1743 gemein. Ab 1471 unter den Herzögen von

Haus Holtheide bei Straelen

Haus Winkel an der Bönninghardt

Haus Hertefeld in Weeze

Schloß Kalbeck bei Goch

Haus Grotelaers bei Geldern

Kleve, sah Kalbeck nach vier niederrheinischen Adelsgeschlechtern 1647 die aus dem Münsterland stammenden Erbmarschälle und Reichsfreiherren von Morrien als Herren in seinen Mauern. Ihnen verlieh der Große Kurfürst den Status einer selbständigen Herrschaft, deren Gerichtsbarkeit auch die umliegenden Dörfer unterstanden. Als in der Silvesternacht 1799 die alte Wasserburg in Flammen aufging, zog die Familie Grüter-Morrien in die zum Teil noch erhaltene Vorburg. Erst nachdem 1909 das neue Schloß von ihnen fertiggestellt worden war, konnten die Erben der Freiherrn von Vittinghoff-Schell von ihrem Schloß Schellenberg in Essen-Rellinghausen nach Kalbeck übersiedeln.

Von Worringen nach Rheinberg

Die Faszination, die von dem lange schon von Köln eingemeindeten Ort Worringen ausgeht, beschränkt sich auf die Schlacht bei Worringen, die inzwischen so berühmt geworden ist, daß ein sonst zuverlässiger deutscher Reiseführer sie in seinem Belgien-Band als Schlacht von Woeringen (1288) aufführt, „in der der Herzog von Brabant, Johann I., den Sieg davontrug". Ein Übermaß an Bergischer Heimatgeschichte hat das von dem Brabanter Jan gewonnene Treffen zu einer Art Freiheitskampf Bergischer Bauern umstilisiert und sich als ihren Anführer den Mönch Walther Dodde dazu erfunden, der die Kampfparole ausgegeben haben soll: „Heya Berge, romryke!" Doch das ist Dichtung. Bei Licht besehen, blieb dem Grafen von Berg gar nichts anderes übrig, als durch seinen Einsatz die zuvor empfangenen Brabanter Gelder zu quittieren, während es den Stadtkölnern nur darauf ankam, die ihnen für ihren Fernhandel unbequeme kurkölnische Feste des Erzbischofs Siegfried von Westerburg in Worringen mit militärischen Mitteln auszuschalten.

Wer ähnlich nüchtern die Überlieferungen und Sagen des Niederrheins prüft, stellt fest, daß hier wie anderswo die Fakten und Hintergründe zuweilen interessanter sind als die Geschichten, die wir uns über unsere Lesebücher eingehandelt haben.

Dormagen sieht sich gern als Grenzstadt zwischen der Kölner Bucht und der niederrheinischen Tiefebene. Das macht es leichter, nicht näher auf Kölns wiederaufgebautes **Abtsschloß Weißhaus** im Stadtteil Sülz und die ehemalige klassizistische **Kitschburg** von 1815 in Köln-Lindenthal einzugehen. Kölns römische Vergangenheit zu beschreiben, ist hier nicht der Platz.

Dagegen hat sich nicht weit von Worringen die **Burg Anstel** als mittelalterlicher Kern einer barocken Anlage behaupten können. Nachdem der Kölner Erzbischof und Kaiserkanzler Philipp von Heinsberg den Hof am Gillbach erworben hatte, ordnete er an, Anstel zu befestigen. Allem Anschein nach konnte der Wohnturm erst 1209, siebzehn Jahre nach seinem Tod, unter seinem Nachfolger Dietrich I. von Hengebach fertiggestellt werden. Den Rittern von Anstel folgten 1315 die von Siegenhoven, genannt Anstel; einer ihrer Nachfahren ließ 1722 die alte Turmburg barock ummanteln.

Burg Anstel bei Worringen

Haus Horr mit der Nepomuk-Kapelle hinter dem nie fertiggestellten Bahndamm bei Neukirchen (Grevenbroich) nimmt den Platz ein, an dem schon im 13. Jahrhundert ein Burghaus stand, dessen Gräben ebenfalls der Gillbach speiste. Aus dem Helpensteiner Güterverzeichnis von 1320–1323 geht hervor, daß Horr in diesen Jahren ein Burglehen des Amtes Hülchrath war. 1738 ließ die Familie von Francken hinter den Wassergräben der früheren Anlage einen großzügigen Barockbau errichten, der mit seinem hohen Mansarddach den seinerzeit in Mode gekommenen Maisons de Plaisance entsprach.

Auf einer Insel in der Erft besaßen die Herren von **Wevelinghoven** eine Burg, die zwar ein Lehen Kurkölns war, jedoch nicht stark genug, um das Leben der Juden zu schützen, die sich auf Anordnung des Kölner Erzbischofs 1096 vor dem Mob des ersten Kreuzzugs in ihre Obhut begeben hatten. 1138 stiftete Christian von Wevelinghoven zusammen mit seinen Söhnen das Kloster Langwaden; 1147 nahm er am zweiten Kreuzzug und an der Eroberung Lissabons teil. Seit 1354 kurkölnisches Offenhaus, erwies sich die Erftburg als so stark, um, vereint mit den von Lievendal, ihre Fehde mit den Grafen von Moers durchzustehen. Der letzte in der langen Reihe, Wilhelm II. von Wevelinghoven, war 1435 Erbmarschall Kölns. Die Stelle, an der ihre Burg mitten im Fluß stand, ist noch zu erkennen.

Wer versucht, die auf der Karte noch von ihren Wassergräben umgebenen Höfe und Häuser zu besuchen, findet außer Anekdotischem wenig Sehenswertes vor. Von **Haus Busch**, ostwärts von Wevelinghoven, heißt es, der Ritter Hundt sei einer der späten Raubritter gewesen, der hundert Jahre nach den von Dyck und von Alpen Lütticher Kaufleute überfallen habe. Als 1464 Lüttichs Landsknechte anrückten, steckte der von Hundt Haus Busch selber in Brand, ehe er sich fliehend ihrer Strafexpedition entzog.

In **Norf** behielt der **Velbrügger Hof** seinen spätmittelalterlichen, fünfgeschossigen Backsteinturm, der im 17. Jahrhundert ein Schweifdach mit Laterne erhielt, um die Strenge des immer noch massigen Bauwerks zu mildern. Die zweigeschossigen Hauptflügel rechts und links sind wie die Freitreppe erst im 18. und 19. Jahrhundert dazu gekommen.

Die Motte **Hombroich** an der Erft bei **Holzheim** läßt kaum noch erkennen, daß sie schon früh eine Sumpfwasserburg der Herren von Hunebroich war, von denen erstmals 1237 die Rede ist. Als Lehen Haus Liedbergs oder der Kölner Erzbischöfe ist Hombroich bedeutungslos geblieben; nach 1268 ist nur noch von den Brüdern Wilhelm und Gerhard die Rede, weil der zweite in den Deutschen Ritterorden eintrat und 1288 als „Komtur in Hombroich" die Burg seinem Orden vermachte.

Haus Lauvenburg bei Kaarst nördlich von Neußerfurth hat in Urkunden und Chroniken so wenig Spuren hinterlassen, daß es schwerfällt, über das Jahr 1487 hinaus noch Namen von Rittern oder Junkern zu finden, die die heute zwischen Bahndamm und Autobahn liegende Wasserburg als Lehen Kurkölns verwalteten. Das quadratische, im Kern noch spätgotische Herrenhaus mit Freitreppe, Portal und Erker entstand 1673.

Haus Horr bei Neukirchen

Was davon 1895 abgebrochen worden ist, läßt sich den einander widersprechenden Beschreibungen nicht genau entnehmen.

Seitdem **Haus Latum** in Lank-Latum der Wasserspiegel fehlt, scheint es, als sei das Jahr 1186, in dem Haus und Hof zum erstenmal genannt werden, völlig aus der Luft gegriffen. Dennoch muß der spätere kurkölnische Rittersitz an der „Merjebröck" schon früh dem nahen Kloster Meer und den Erben Graf Dietrichs I. von Are unterstanden haben; denn um 1272 beteiligten sich die Herren von Schackum wie die von Niederdonk an der Rodung des Karlsforstes. Mit Meerbusch 1392 endgültig kurkölnisch geworden, wurde Schackum zusammen mit Haus Meer 1642 teilweise zerstört. Der Turm mit dem noch erhaltenen Treppenhaus entstand vermutlich erst gegen Ende des 17. Jahrhunderts, als der Engpaß des Adelshofes noch durch das Latumer Bruchgebiet führte.

Im Busch op dem **Pesch** bei Ossum-Bösinghoven ersetzte Gerhard von Hoemen 1469 den hundert Jahre zuvor schon erwähnten Hof durch eine feste Burg, die 1583 zu Beginn des Truchsessischen Kriegs in Flammen aufging. Neben die noch erhaltenen, etwa dreihundert Meter abseits liegenden Ruinen setzten die Herren von Merode um 1669 ein neues Herrenhaus. Als Mathias Gerhard Reichsfreiherr von Hoesch 1731 die Witwe des Hauptmanns und Freiherrn von Weißenberg heiratete, brachte die Bankierstochter Haus Pesch mit in die Ehe. Im Dienst von Kaiser, König und Kurfürst so reich geworden, daß Hoesch zu den „Meistbegüterten des Rheinischen Erzstiftes zählte", erwarb er etliche Höfe und Schlösser – darunter Elmpt und Dilborn – die er bis zu seinem Tod 1785 von Haus Pesch aus verwaltete. Nach dem Einmarsch französischer Revolutionstruppen plünderten Bauern aus der Umgebung 1785 Haus Pesch aus und nahmen außer Eisen und Blei alles Holz samt dem Dachstuhl mit. Hoeschs Erben, die Grafen von Hallstein, bauten 1810 ein neues Wohnhaus, das, 1840 zum Schloß umgebaut, einen Park erhielt. Endgültig Schloß wurde Pesch erst 1912 nach einem, wenn auch unvollendeten Erweiterungsbau des Prinzen Johann von Arenberg.

Haus Gripswald in unmittelbarer Nähe des Herrenbusches von Schloß Pesch war ein Rittersitz Kurkölns, mit dem der Erzbischof Adolf III. von Schaumburg 1532 Wilhelm von Büderich belehnte. Die neue, von ihm 1547 fertiggestellte Burg mit dem Rundturm an der Außenseite ging 1550 nach seinem Tod in die Hände der Herren von Heltorf, später der Freiherrn von Goltstein über. Als 1862 Prinz Johann von Arenberg Gripswald erwarb, hatte der Eckturm 1800 eine Bekrönung von vierzehn romanischen Säulen aus dem Kreuzgang des säkularisierten Klosters Knechtsteden erhalten. Funde römischer Ziegel, Mauerreste und sechs Matronensteine machen deutlich, daß die Geschichte Gripswalds um mehr als ein Jahrtausend weiter zurückreicht als die Spuren der Burg.

Der **Brempter Hof in Ürdingen** hat „unter Polizeischutz" mehr von seinem ursprünglichen Aussehen bewahrt als die verbaute, wiederum baufällig werdende erzbischöfliche Burg am Rheinufer. Deshalb lohnt es sich, nicht vor den Herberzhäusern am Markt stehenzubleiben, sondern hundert Schritte weiter bis zur Einfahrt neben der Polizeistation zu gehen. Das adelige Haus mit dem

Haus Lauvenburg bei Kaarst

dreistöckigen Torturm, seinem spitzbogigen Durchgang und dem Galerietürmchen daneben stammt noch aus gotischer Zeit und war Eigentum der Herren von Brempt. Wenn auch die Familie Herberz 1820 den Haupttrakt durch ein klassizistisches Wohnhaus ersetzen ließ, so blieb doch der Reiz des Binnenhofes mit dem Haus des Heimatbundes erhalten.

So sehr **Linn** Krefelds Burgenzentrum ist, so wenig Anlaß besteht, Krefelds Musikschule **Haus Sollbrüggen** oder die Jugendherberge **Neuenhofen** zu unterschlagen. Der modernisierte Rundturm Neuenhofens läßt nicht erkennen, daß er 1416 zum Herrenhaus eines kurkölnischen Lehensgutes gehörte, um gegen Ende des 18. Jahrhunderts den renovierten Wohnsitz Cornelius' der Greiff zu beschützen, der in Linn 1830 **Haus Greiffenhorst** bauen ließ. Haus Sollbrüggen in dem nach ihm benannten Park an der Ürdinger Straße scheint um die gleiche Zeit wie Neuenhofen in den Besitz des Kölner Erzbistums gelangt zu sein. Spätere Besitzer waren die de Haes. 1781 fiel die alte Burg einem Brand zum Opfer. Der elegante Neubau von 1832 wird, wie Haus Greiffenhorst, dem aus Münster stammenden Adolf von Vagedes zugeschrieben.

Aus dem um 900 genannten Hofgut der Abtei Werden entstand in **Kapellen** bei Moers das von Kleves Herzögen im 13. Jahrhundert stark befestigte **Haus Lauersfort**, dessen Herren sich bis 1440 noch von Lovesfort nannten. Ihnen folgten die von Vorst und von Eyll, bis Katharina von Eyll 1606 den Oberst und Baron Jost Wirich von Pelden, genannt Cloudt, heiratete. Der große Freiplatz hinter dem Brückentor der Vorburg unterschlägt, daß das von zwei Ecktürmen eingefaßte Herrenhaus früher von einem zweiten Graben umgeben war. Der ältere Ostteil aus dem 15. Jahrhundert wurde auf der Westseite erst 1657 ergänzt. Der Rundumerneuerung von 1712 folgte 1742 die dreiflügelige Vorburg. Als die Türme 1830 ihre Hauben erhielten, war die hübsche Freitreppe vor dem Herrenhaus schon über hundert Jahre alt.

Am Südrand der Bundesstraße 60 an der Seenkette eines ehemaligen Rheinarms westlich von Neukirchen-Vluyn liegt das **Gut Leyenburg**, das in älteren Schriften zuweilen als alte Wasserburg, in neueren Büchern als Schloß angesprochen wird. Die hinter einem Baumgartel halb verborgene schloßähnliche Anlage nimmt für sich selbst nur in Anspruch, 1832 das alte Gut Kieckhorst ersetzt zu haben, das die Freiherrn von der Leyen 1765 erworben hatten. Der maurische Pavillon jenseits der Straße deutet an, wieviel von dem alten Parkgelände der Leyenburg für den Bau der neuen Straße preisgegeben werden mußte.

Dagegen kann sich das nördlich der Straße liegende **Schloß Bloemersheim** rühmen, bereits 1406 als Ritterlehen der Moerser Grafen zu erscheinen. Wer Johann Balderichs Sweders Sohn war, den Moers zum ersten Burgherrn ernannte, läßt sich nur ahnen. Klarer wurden die Besitzverhältnisse erst, als Irmgard Balderichs 1509 Wilhelm von Hoennepel, genannt von der Impel, heiratete. Wiederum durch Heirat gelangte Bloemersheim über hundert Jahre später an den Freiherrn Wirich Adolf von Pelden, genannt Cloudt, dessen Erben die Wasserburg am Kendelbach 1802 den Freiherren von der

Haus Gripswald bei Meerbusch

Haus Sollbrüggen in Krefeld

Haus Neuenhofen in Krefeld

Haus Lauersfort in Kapellen bei Moers

Schloß Bloemersheim

Leyen verkaufte. Reizvoller als die Ecktürme, Treppengiebel und der Treppenturm aus dem 15. und 17. Jahrhundert ist die alte, noch erhaltene Wippbalken-Zugbrücke am Schloßeingang, die den dreifachen Umbau der Dreiflügelanlage zwischen 1800 und 1900 überstanden hat.

Haus Frohnenbruch bei Hoerstgen gehörte 1304 als geldrisches Lehen einem Johann von Straelen, der 1324 von Johann von Wachtendonk abgelöst wurde. 1422 stiftete Rütger von Vlodorp für die weitläufige Wasserburg an der Nenneper Fleuth eine Kapelle. 1788 galt der Bau mit seinen vier Türmen noch als Schloß. Jetzt ist nur noch das teichbreite Grabensystem der Rückseite interessant.

Strommoers hieß ein alter Hof zwischen dem Moersbach und der Bundesstraße 57, der 1147 der Abtei Deutz gehörte und ihn 1256 dem Kloster Kamp übergab. Die 1298 geweihte Kapelle verbrannte 1441 zusammen mit dem Hof, 1780 war nur noch die angebaute Sakristei erhalten, die nach der Säkularisation als Pferdestall diente.

Zwischen Rheinkamp und den Spanischen Schanzen von Buddberg liegt, umgeben von Wald und Baggerseen, **Haus Wolfskuhlen**, das 1292 Eigentum eines Ritters Heinrich gleichen Namens war. Zwar ist dem breitgelagerten, dreistöckigen Backsteinhaus vom Ende des 18. Jahrhunderts nicht anzusehen, daß die alte Burg, die die Edlen von Hambroich wohl an gleicher Stelle anlegen ließen, bald nach 1540 entstanden sein muß, doch blieb die Erinnerung daran bei den späteren Besitzern lebendig. Das Wevelinhovensche Wappen über dem Portal weist darauf hin, daß 1789 die Freiherren von Wevelinhoven-Sittert Haus Wolfskuhlen erwarben, um es mitsamt dem von ihnen erbauten Herrenhaus hundert Jahre später an die Freiherren von Büllingen abzutreten.

Allen Anschein nach werden die nächsten Jahre einen Schlußpunkt hinter die lange Geschichte von **Haus Gelinde** setzen, das in unmittelbarer Nähe der alten Römerstraße, südlich von Rheinberg, zwischen Kiesgruben und Baggerlöchern seinem Ende entgegendämmert. Die Wasserburg, die 1231 Winnemar von Gelinde gehörte und 1470 über die Rheinberger Familie Ingenhoven an die Herren von Hambroich kam, um 1650 in die Hände der Herren von Neuhoff überzugehen, erinnert an den 1719 hier geborenen Theodor von Neuhoff, der König von Korsika wurde (1736–1738) und als Bettler in London starb. Paul Clemen bescheinigte bereits 1891, Gelindes zweistöckiger Backsteinbau aus dem 18. Jahrhundert sei architektonisch ohne Bedeutung – ein Gutachten, das sicher dazu beitrug, den bevorstehenden Abbruch zuzulassen.

Zwei Jahre nach seiner Niederlage bei Worringen befahl der Kölner Erzbischof Siegfried von Westerburg, kaum aus der Gefangenschaft entlassen, die alte Befestigung Rheinbergs durch ein Schloß mit einem 25 Meter hohen Turm zu ersetzen. Vier Meter dicke Mauern machten den **Schwarzen Turm von Rheinberg** – so genannt als Gegenstück zum Weißen Turm in Andernach – rheinauf, rheinab so berühmt, daß Niederländer wie Spanier noch nach dreihundert Jahren alles daran setzten, ihn in die Hand zu bekommen. Am 4. Oktober 1598 flog der Turm bei einem spanischen Angriff in die

Haus Wolfskuhlen bei Rheinberg

Luft. Als Zollturm für den damals noch nicht abgeleiteten Rhein wiederhergestellt, traf ihn 1636 ein Blitz. Der immer noch stattliche Rest des sieben Meter hohen Stumpfes wurde erst kürzlich wieder so gesichert, daß Rheinbergs altes Wahrzeichen auf dem Wall hinter der St.-Peter-Kirche erhalten bleibt.

Reichsgut und dennoch Eigentum der Herren von **Ossenberg** war von 1174 bis 1380 die Kurköln unterstellte Herrschaft am Alten Rhein zwischen Borth und Rheinberg. Die Edelherren von Wevorden, seit 1380 auf Ossenberg ansässig, stellten 1423 den ersten Vogt für die von da an zweihundert Jahre lang zwischen Köln und Moers oft umstrittene und noch öfter verpfändete Vogtei, die erst nach dem Dreißigjährigen Krieg in den Besitz der von Wylich und Lottum gelangte. Die ihnen folgenden Grafen Truchseß von Waldenburg ließen das aus dem Mittelalter überkommene Herrenhaus abbrechen, um es 1721 durch einen repräsentativen Rokoko-Neubau zu ersetzen. Eine Generation später veranlaßte Ludolf von der Rhoer, alle Wohnräume nach dem Vorbild des Rokokofestsaals auszustatten. Zwei davon blieben erhalten, als im Februar 1942 eine schwere englische Sprengbombe Schloß Ossenberg traf und die Gräfin Berghe von Trips zusammen mit den ihr im Krieg noch verbliebenen Helfern tötete.

Zwischen Xanten und Nimwegen

Falls die feurige Lohe des Drachens, den Siegfried tötete, ähnlich wie bei den Gelderner Junggrafen Wichard und Lupold in Pont nichts anderes als das Sumpffieber versinnbildlichen sollte, muß Siegfried von Xanten ein früher Vorläufer jener holländischen Broekers gewesen sein, die das Niterlant am Rhein Zug um Zug trockenlegten wie später den Kranich- und den Reiherbruch am Reichswald. Burg war zwischen den Sümpfen jede Düne, wenn sie mit Pfählen und Planken zu einem Bollwerk ausgebaut wurde; Burg nannte auch der Augenzeuge Gerwald aus Gent in den Xantener Annalen die Befestigung, hinter der sich die Normannen 864 nach dem Überfall auf einer kleinen Rheininsel nah dem Xantener Kloster verschanzten. Beim anschließenden Kampf um den flußaufwärts liegenden königlichen Hof verloren sie nach Gerwalds Darstellung hundert Mann – ein Zeichen dafür, daß Xanten keineswegs so ungeschützt und unbewaffnet war, wie es uns die klösterlichen Überlieferungen gerne weismachen möchten. Die strategische Lage des Ortes gegenüber der Lippemündung war zu bedeutend, als daß die heidnischen wie christlichen Nachfolger der Römer das römische Beispiel hätten unterschätzen können. Das Viktorsloch vor dem Fürstenberg bei Birten erinnert daran, daß selbst die Kirche in ihren Legenden nicht auf die soldatischen Tugenden der beiden Heiligen verzichten mochte, denen Xanten seinen Namen verdankt. Ob Brennpunkt oder Nachhall der Geschichte wüßte erst der zu unterscheiden, der uns wie der „Gottesspeer" Ansgar Näheres über

Der Burggraben von Haus Frohnenbruch bei Hoerstgen

den normannischen Lehnsstaat am Niederrhein hätte berichten können. Der von den Wikingern in Nimwegen angelegte Palast spricht dafür wie die Fahrt des jüngsten Burgunderkönigs Giselher, der König Siegmund nach der Ermordung seines Sohnes Siegfried im Odenwald heim nach Xanten geleitete. Den jüngsten und sympathischsten der Nibelungensippe hier zu wissen, ist ein Trost. Was davon blieb, zeigen Xantens Dom, die beiden Museen im Domhof und der Archäologische Park, der auf seine Weise Geschichte macht.

Der Römerturm hinter der Gerebernus-Kapelle in **Sonsbeck** erinnert daran, daß es am Niederrhein schon einmal Zeiten einseitiger römischer Geschichtsorientierung gab; denn was auch an Resten der durch Sonsbeck von Xanten zur Maas führenden römischen Straße gefunden wurde, der Römerturm hat nichts damit zu tun. Er ist einer der Schloßtürme, die Herzog Adolf von Kleve 1417 mit der Ummauerung Sonsbecks auf der Anhöhe vor der Stadt errichten ließ. Als 1641 die Kaiserlichen im Dreißigjährigen Krieg Stadt und Schloß berannten, blieb nach anhaltendem Beschuß nur das Fragment dieses Rundturms erhalten.

Ob es sich lohnt, nach dem im 16. Jahrhundert entstandenen **Haus Erprath bei Xanten** zu sehen, muß jeder Burgenfahrer allein entscheiden. Auf den Karten ist der Hof, der einmal der Familie von Haeften gehörte, mit seinen Wassergräben hinter den Bahngleisen noch eingetragen. Das Wohnhaus mit den Schweifgiebeln und dem kleinen Eckürmchen wurde im Zweiten Weltkrieg schwer beschädigt und verändert wiederaufgebaut.

Haus Haag im Vynenschen Gatt bei **Vynen**, nordöstlich von Marienbaum, war wie **Haus Balken** einer der drei Sedel- oder Haupthöfe, die „tusche de Ryn" und dem Wald als ursprünglich fränkisches Krongut 1167 wohl einem Heinricus de Vine unterstanden. Im Klever Urbar von 1319 heißt es: „Enen Sedelhoff te Vynen buwet Dyderick die Ridder". Damit ist das heutige Haus Haag gemeint, das als Klevisches Kleinlehen die Landwehr der Klever Herzöge verstärkte und so auch das alte Schifferdorf Vynen beschützte.

Die Querverbindung, die hinter Kehrum von der Bundesstraße 57 zur Rheinbrücke bei Rees führt, gibt rechter Hand hinter einem See nördlich von Appeldorn den Blick auf **Haus Botzelaer** frei, dessen Ruine mit den beiden schadhaften Türmen erkennen läßt, wie mächtig die auf zwei Inseln in dem toten Rheinarm „Das Meer" liegende Wasserburg der „altedelfreien" Burgherrn von Botzelaer einmal gewesen sein muß. Die Herren waren klug genug, sich den Grafen von Kleve zu unterwerfen und, die 1351 zerstörte Burg zurücklassend, sich nach Geldern und in die Niederlande abzusetzen. Nach einer nicht einmal mit Vermutungen aufzufüllenden Atempause von dreihundert Jahren heiratete Anna Katharina von und zu Boetzelaer 1649 Johann Albert von Wylich zu Kervenheim. Beider Tochter Anna Maria Isabella wurde die Frau des nachmals durch die Urbarmachung des großen Havel-Luchs berühmt gewordenen preußischen Oberstjägermeisters Samuel von Hertefeld, der Botzelaer seinem zweiten Sohn Ludwig Kasimir hinterließ. Der kehrte, wie alle Hertefelds nach ihm, aus Berlin immer wieder an den Niederrhein zurück. War der Vater Kammerherr bei Preußens Friedrich Wilhelm II., so

Haus Haag in Vynen

wurde der Sohn Senateur de l'Empire unter Napoleon. Der im Oktober 1794 auf Botzelaer geborene Enkel Karl erbte mit dem Namen den Freiherrntitel und nahm als freiwilliger Husar 1815 an der Schlacht bei Waterloo teil. Karl ließ die noch aus dem Mittelalter stammenden Teile des Altschlosses reduzieren und 1830 einen zweigeschossigen klassizistischen Neubau anfügen. Alles andere ist wie der nördliche Zinnenturm Zutat des späten 19. Jahrhunderts oder die Folge von Bombentreffern.

Daß dieses Land nicht nur legendäre Heiligengestalten hervorgebracht hat, beweist in Xanten Norbert von Xanten, der ein Graf von Gennep, Erzbischof von Magdeburg und Stifter des Prämonstratenser Ordens war. Irmgard von Aspel, Luthard von Wissel und die Klostergründung der Heiligen Reginfledis in Hönnepel haben die frühe Missionsarbeit des Heiligen Willibrord am Niederrhein fortgesetzt; und das Land hat es nicht vergessen. Achtzig Schritte nördlich der Reginfledis-Kirche in Hönnepel liegt **Haus Hönnepel**, als Burg kaum noch zu erkennen, dennoch alt, ehrwürdig wie das Kloster, das 1223 nach Horst bei Deventer übersiedelte. Keine zwanzig Jahre später erwarb das Xantener Stift den Hönnepeler Hof, von dem in Kirchenkreisen erst wieder 1381 die Rede ist, als ein Herr , der Ritter Arnold von Alpen, Kölns erzbischöfliche Erlaubnis einholte, im Ort eine neue Kirche zu bauen. Der 1335 erwähnte und 1337 kinderlos gestorbene Friedrich von Hönnepel trug kein ähnliches Verlangen. Ab 1491 sind so gewichtige Adelssippen wie die von Bronckhorst-Batenberg, Quadt-Wickrath, Itzenplitz und Hertefeld in Hönnepel zu finden. Reste der Wehrmauer und ein runder, verputzter Eckturm kennzeichnen die Überbleibsel einstiger Herrlichkeit.

Haus Horst in Altkalkar besteht aus zwei nebeneinander liegenden Walmdachhäusern, die, umgeben von einem doppelten Grabenring, nach dem Dreißigjährigen Krieg, vielleicht zusammen mit dem Kirchenneubau 1689, entstanden und 1795 überarbeitet worden sind. Das niedrige Hallenhaus dicht daneben verdeckt den turmartigen Vorsprung des Herrenhauses, so daß das hohe Kellergewölbe mit den abgeschrägten Mauern um so mehr ins Auge fällt. Seine Geschichte aufzuzeichnen, ergab sich keine Möglichkeit, weil alle Handbücher darüber schweigen.

Wenn man davorsteht, kommt es einem beinah lächerlich vor, daß dies sechseckige Brunnenhäuschen mit dem spitzen Schieferdach alles sein soll, was von der Burg der Grafen von Kleve in **Grieth** übriggeblieben ist. Hundert Jahre nachdem die Klever am Rand der Wisseler Kiesdünen den Ort planmäßig angelegt und 1254 mit allen Freiheiten zur Stadt erhoben hatten, bestellten sie den Ritter Wilhelm uten Hamme zum Amtmann in Grieth und Wissel. Im April 1371 ließ Graf Adolf seinen Amtmann wissen, er möge „onse Huys te Grieth" beziehen. Nicht anders ging es dessen Nachfolgern Johann von Hetterscheid und Arnt Snock. Herren von Wissel und van der Korenhorst hausten in der Turmburg von Grieth; nach 1425 folgte ihnen Otto von Bueren. Nur, daß das steinerne Ungetüm mit seinen hohen Staffelgiebeln und den zahlreichen Anbauten von da an Stadtburg hieß, weil sein nördlicher Eckturm gleichzeitig die Stadtmauern beschützte, die mehr vom Hochwasser als von

Haus Horst in Altkalkar

irgendwelchen Feinden bedroht wurden. 1758 war das hohe Burghaus am Rhein noch zu sehen; Jan de Beyer hat es gezeichnet. Allein der nördliche Eckturm hielt stand – auch im Krieg. Dann mußte er abgebrochen werden; angeblich weil er so schwer beschädigt war. Doch im Herbst 1949 hieß es selbst noch von amtlicher Seite: Leichte Schäden durch Beschuß.

Der Wagen schwimmt von **Huisberden** aus schwankend durch das Weideland wie durch ein grünes Wattenmeer, aus dem sich, auf seiner Warft weithin zu sehen, die Wasserburg **Haus Eyl** erhebt, oder besser gesagt das, was seit dem späten Mittelalter davon übrig blieb. Das doppelte Grabensystem und Reste der Vorburg sind noch zu erkennen. Das Hauptschloß, das man gegen 1790 abbrach, stand auf einer Insel. Ein Kastell, vierflügelig, mit einer Brücke und zwei mächtigen Tortürmen war Eyl früher. Das spätere, auf dem Vorburgplateau errichtete Wohnhaus zeigt in seinen Ankersplinten als Baujahr 1681 an. Der Stall muß älter sein. Auf der Wappentafel an der Stallwand ist unter Helm und Einhorn im Blaustein zu lesen, daß dies die Insignien Wilhelms von Bronckhorst, Baron von Grondfeld und Agnetes von Bronckhorst, geborene von Byland, sind. Die Jahreszahl fehlt. Anordnung, Schreibweise und Schrift deuten auf das 17. Jahrhundert hin.

So ausführlich die Beschreibungen sind, die sich mit Rinderns Vergangenheit und Geschichte befassen, so wenig ist darin die Rede von der **Wasserburg Rindern**. Die Ausdehnung der modernen Anlage, die als Schule und Tagungsstätte dient, scheint nur noch wenig mit der alten Wasserburg von 1654 gemein zu haben. Der Blick vom Klever Amphitheater über die große Achse zum Eltenberg am anderen Rheinufer läßt – auch auf gleichzeitig mit der Burg entstandenen Bildern – nichts von einer Befestigung südöstlich von Rindern erkennen.

Hochwasser, die in den Jahren 1711 und 1728 bei Keeken das mit drei Türmen bewehrte **Wasserschloß Halt** der Herren und Grafen von Byland zerstörten, verschonten ihr Rittergut **Haus Keeken**, dessen Wohnhaus mit steilem Walmdach und Glockentürmchen um 1670 an der Stelle entstand, an der angeblich ein Reimarus von Kekene oder Kikene 1122, vielleicht auch erst 1173, einen Hof mit einer Eigenkirche besaß. – So nah an Nimwegen verbindet die Grenze, der Strom und die Geschichte den Niederrhein mit den Niederlanden kaum anders wie zu der Zeit, als beide noch tatsächlich eins waren.

Haus Eyl bei Huisberden

Links der Issel, rechts der Ruhr

Grenzzone, Vorpostengelände, Manövergebiet, Weideland war den Römern die rechte Rheinseite, solang die Anlieger keine Hauptkampflinie oder Basis für ihre Kommandounternehmen daraus machten. Gelegentlich weitgezielte Durchbruchsversuche – isselabwärts oder lippeaufwärts – zum Teutoburger Wald oder zur Elbe endeten für die römischen Einheiten meist mit einem Desaster. Der junge Armin und die Dame Veleda hatten auf ihre Art Latein gelernt – ein barbarisches Latein, das sich, abgesehen vom Stil, kaum von dem in Cäsars Kriegsberichten unterschied. Scherben solcher Dialoge aufzuspüren, sollte später erst zur ganzen Seligkeit der Rheinländer werden, die in ihren Klöstern und Burgen Zeit fanden, sich mehr als andere mit ihrer Vergangenheit zu beschäftigen.

Der rechte Platz dafür war die Burg Eltnon und spätere Abtei Elten auf dem **Eltenberg von Hochelten**. Geschichte findet hier oben, fünfundsiebzig Meter über dem Rhein zwischen der Stiftskirche, den Äbtissinnenhäusern und dem Drususbrunnen im Freien statt, denn die Burgen der Grafen Meginhard und Wichmann sind verschwunden wie der jüngere Palas, in dem Otto I. und Große 944 seine Königsurkunden siegelte. Was da einst vorgeschichtliche Fluchtburg, frührömisches Erdkastell oder karolingisches Bollwerk war, interessiert uns weniger angesichts der Tragödie, die sich hier zwischen Sachsen und Normannen abgespielt hat. Wie die Fuldaer Annalen berichten, brachten die Normannen 881 zwölf sächsische Grafen, darunter den Grafen Wichmann von Hamaland, um. Die Quittung dafür war 885 die Ermordung des Normannenkönigs Godefried in der Nähe von Nimwegen und die späte Rache der Wikinger 898 an Eberhard Saxo, dem Großvater des Eltener Klosterstifters Wichmann, der 967 seine Burg Eltnon in ein freiadeliges Damenstift umwandelte, um dann selbst Benediktinermönch in Mönchengladbach zu werden.

Ob aus seiner Sippe auch, wie manche vermuten, die ersten Besitzer von **Huis Bergh** im nahen niederländischen Heerenbergh stammen, ist ungewiß. Das **Wasserschloß**, das der letzte Graf von Bergh, Oswald III., 1712 an die Stelle der alten, rings von Wasser und Wällen umgebenen Rundburg setzte, belohnt den Sprung über die Grenze mit einem historischen Besichtigungsprogramm, das von 1104 bis in die jüngste Vergangenheit und von den sächsischen Grafen bis zu den Fürsten von Hohenzollern-Sigmaringen reicht.

Daß Elten im Tal wie Elten auf dem Berg nach dem Zweiten Weltkrieg zu einer Schutzzone gehörte, die, wie das Selfkantgebiet, länger als vereinbart von den Holländern besetzt gehalten wurde, vergißt sich angesichts des von ihrem Landsmann Jan Herman van Heek initiierten Wiederaufbaues der Stiftskirche in Hochelten.

In der Urkunde, mit der Otto I. im August 970 die Schenkung Graf Wichmanns bestätigte, wird auch der **Königshof Voorthuyzen** am Fuß des Eltenbergs genannt. Kaiser Konrad übergab die Wasserburg 1025 dem Grafen Werner von Südhamaland, der

Huis Bergh in Heerenbergh

sie dem Paderborner Bischof und Kaiserfreund Meinwerk schenkte. 1134 gelangte Voorthuyzen auf Anordnung Kaiser Lothars wieder in den Besitz seiner Stammabtei. Seit 1206 Herrensitz des Emmericher Martinistiftes, war das Haus an der Furt der Kölner Handelsstraße nach Norden bald eine Edelherberge für durchreisende Fürsten und hochgestellte Kleriker. Der Ritter Ernst von Reckenberg benutzte 1517/18 die Burg als Unterschlupf für seine „Schwarze Bande" friesischer Landstörzer. 1811 erwarb der letzte Propst des Martinistiftes den Edelhof; seine Erben waren die von Dreveldt, die 1840 die alten Gebäude bis auf einen kargen Rest zwischen Damm und Gracht abbrechen ließen.

Die **Reckenburg bei Praest** nördlich der Bundesstraße 8 entstand im 18. Jahrhundert als Gut der Grafen von der Reck-Volmarstein, die das Herrenhaus mit dem schönen Staffelgiebel und den dazugehörenden Ländereien 1830 dem Grafen Rudolf von Hoogstraaten verkauften.

Die Reste von **Haus Empel** an der Hurler Landwehr nördlich von **Rees** liegen unmittelbar am Ufer neben der Bundesstraße 67. Den ersten Besitzer, einen Ritter Bernhard von Rees, lösten 1256 die von Hönnepel ab, die ihre Wasserburg 1356 Kurköln verkauften, um sich damit belehnen zu lassen. Von Empel nannte sich 1481 erst Heinrich von Diepenbrock, als seine Frau Sara die aus einem Wohnturm des 9. Jahrhunderts entstandene Burg mit in die Ehe brachte. 1570 prächtig ausgebaut zu einem Renaissanceschloß und von den Spaniern 1598 „nur" geplündert, erhielt Haus Empel 1700 eines der feudalsten freistehenden Portale von allen Burgen ringsum. Was davon nach dem Zweiten Weltkrieg übrigblieb, verdient trotz der wappenhaltenden Minerven am Tor die Bezeichnung Schloß nicht mehr.

Älter noch als Empel soll die Erdhügelburg **Aspel** im Aspeler Meer sein, die vor der Jahrtausendwende dem Grafen Egizzo gehörte. Der noch sichtbare und auf den Karten oval eingezeichnete Erdkegel erhielt 1190 und 1243 durch die Erzbischöfe von Köln zwei neue Burgen, weil die Grafen von Kleve 1138 die erste zerstört und als Pfand eingezogen hatten. 1470 verkaufte der Klever Herzog Adolph die Steine Aspels an den Rat von Rees, die ihre Stadtmauer verstärken wollten, um einen Mühlenturm darauf zu setzen. 1830 ersetzte ein Neubau, der jetzt als Klostergymnasium dient, das bis auf den Torbau verschwundene Haus Aspel.

Südlich von **Haus Sonsfeld**, das vor 1259 keiner kannte, südlich auch vom Christianabusch liegt hinter dem **Haffenschen Meer** das als Jugendburg wiedererstandene **Haus Bellinghoven**, dessen erster Besitzer 1206 den schönen Namen Gerardo de Bellenchove führte. 1325 machte Dietrich von Bellinghoven aus seinem Hof ein Offenhaus des Grafen Dietrich III. von Kleve. Als Lehen des Xantener Stifts war die Wasserburg 1452 so befestigt, daß die von Bernsau 1481 erst „den hoff" und dann 1492 „dat slot" erwarben. Spanier, die 1598 Bellinghoven erst beim dritten Sturm nehmen konnten, töteten alles, was nach der Einnahme noch lebte. Allem Anschein nach gab Graf Franz Adrian von Schellart, nachdem er im Dreißigjährigen Krieg die Alleinerbin Margarete von Bernsau geheiratet hatte, den Auftrag, den Dreiflügelbau mit Turm und Schrägrampe so

Haus Bellinghoven bei Mehr

auszubauen, daß es dem Marquis von und zu Hoensbroesch anfangs des 18. Jahrhunderts leichtfiel, dem Ganzen den Charakter eines Wasserschlosses zu geben.

Kaum tausend Meter trennen Bellinghoven von **Haus Averforth bei Mehr.** Die noch deutlich sichtbaren Gräben hinter den Linden, die den heute wieder landwirtschaftlich genutzten Hof umgeben, sind Kennzeichen eines Herrenhauses, das Beamten des Großen Kurfürsten zeitweilig als Wohnsitz diente. 1553 ist von einem Henrich Averfoirt die Rede, 1559 von einem Amtmann namens Bernsau. 1598 wie Bellinghoven von den Spaniern zerstört, konnte Averforth erst 1685 wieder instandgesetzt werden. Die Stuckdecken der Räume im Erdgeschoß erinnern durch ihren Preußenadler an Averforths preußische Vergangenheit.

Manche Reiseführer zählen die Ortschaften des rechten Niederrheins auf und vergessen dabei Hamminkeln. Indessen hat das zur gleichen Gemeindeverwaltung gehörende **Schloß Ringenberg** mit seiner Kunstgalerie und der Dirk Baegert Stiftung schon viele Kunst- und Burgenfreunde angezogen, die wissen, daß es sich lohnt, nach **Hamminkeln** zu fahren. Das nahe **Haus Vogelsang** ist in den Geschichtsbüchern verschollen, darum fällt es schwer, in dem von Wasser umgebenen Erdhügel bei Vogelsang noch eine Befestigung zu erkennen. Ähnliche Anlagen der benachbarten Güter **Bergfrede, Sorgvliet** und **Weißenstein** weisen wie Vogelsang auf die jeweils 500 Meter davor verlaufende alte klevische Landwehr hin, durch die sich die Grafen und Herzöge von Kleve in diesem Teil ihrer Herrschaft vor den Münsterschen (wörtlich: vur die Monsterschen) schützen wollten. Vielleicht stammte das ältere Burghaus Vogelsangs aus den Jahren Herzogs Adolf I.; während die Motte der Wallburg noch weit über das Jahr 1420 zurückweist. Doch das sind Vermutungen. Fest steht nur, daß im März 1601 eine Familie von Ising das Gut aus klevischem Besitz erworben hat. Das Herrenhaus brannte im Dreißigjährigen Krieg bis auf die Grundmauern nieder, auf denen einige Jahre später dann das neue, heute noch erhaltene Haus Vogelsang erstand.

Bereits im Münsterländischen liegt die **Turmwindmühle von Werth,** die zum Verteidigungsring der Kulenburgschen Burg von 1316 und des 1886 abgebrochenen Schlosses gehörte, das 1709 samt der Herrschaft durch Kauf an die Fürstbischöfe von Münster geriet. Außer dem nun als Rathaus dienenden äußeren Burgtor blieb von der Befestigung nur der fast dreihundert Jahre alte Mühlenturm an der Issel erhalten.

Auf dem linken Ufer der Issel liegt südwestlich von **Brünen** in Esselt **Haus Esselt,** das als freiadeliges Gut 1482 Eigentum der Brüder Johann und Jakob von der Cappellen van der Wonynge war. Während über die nächsten 220 Jahre nichts mitgeteilt wird, sind von 1709 ab die Namen der wechselnden Besitzer, meist Adelige aus der Umgebung oder in Wesel diensttuende Offiziere, bekannt. 1831 erbten die Grafen von Stolberg-Wernigerode den einst klevischen Rittersitz, der 1956 in den Besitz des Malers Otto Pankok überging und heute mit dem im Wirtschaftshof eingerichteten Museum der Otto Pankok Stiftung gehört.

An einem ehemaligen Seitenarm der Lippe entstand zwei Kilometer westlich von **Dre-**

Die Turmwindmühle von Werth

venack um 1500 ein festes Haus, das 1517 einen Turm mit Spitzhelm und Wappen erhielt. Besseren Schutz boten dem seit 1429 namensmäßig erfaßten und erst später landtagsfähig gewordenen klevischen Rittersitz die Wassergräben, die **Haus Schwarzenstein** auch noch umgaben, als der Freiherr von Strünkede 1776 das Anwesen einer Witwe Löhr aus Wesel verkaufte. „Die elende Landverderbung", von der um 1580 an der Lippe wie am Niederrhein allgemein die Rede ist, suchte Schwarzenstein genauso heim wie die benachbarte **Krudenburg**. Der spanische Obrist Don Gonzales de Cordoba, der sich 1621 mit seinem Stab inmitten eines Feldlagers von 6000 Landsknechten und 2000 Reitern auf Haus Schwarzenstein einquartierte, konnte nur vorübergehend für Ordnung sorgen, weil „eine geschwinde Krankheit, welche die Leute toll und unsinnig macht", viele sterben ließ.

Von Schloß **Schermbeck** kann heute keine Rede mehr sein. Das Gut, das die Herren von Heiden 1364 dem Grafen von Kleve verpfändeten, zerstörte 1483 der Ritter Jan von Gemen zusammen mit dem ganzen Ort. Als Sitz des klevischen Landdrosten von Wesel festungsartig ausgebaut, verlor die Burg nach einem Brand im Dreißigjährigen Krieg ab 1640 jede Bedeutung.

Im Naturschutzgebiet des zwischen Schermbecks und Holsterhausen bereits westfälischen Lippe-Auwaldes statteten die Ritter von **Hagenbeck** nach 1217 ihre Wasserburg mit soviel Vorburgen aus, daß der gesamte Komplex 1315 als Offenhaus des Bischofs von Münster über entsprechend viele Burgmannssitze verfügte. 1429 verhandelte Wennemar von Heiden als Burgherr Hagenbecks mit der Stadt Dorsten; 1639 erwarb der „westfälische Wallenstein" Alexander II. von Velen zu Raesfeld die Burg an der Lippe und baute sie um. Seine Erben waren die Ritter von Lembeck. Aus den Ruinen der alten Wasserfeste und dem Torbau von 1730 entstand erst in unserer Zeit durch den Amtsrichter Thomas die neue Wohneinheit mit dem Sankt-Annen-Bild.

Als Vorposten der immer noch grünen Emscher-Zone liegt am Nordrand Oberhausens im Stadtteil Holten das **Kastell Holten**. Kirche, Schule und Park scheinen die Burg auf dem Hügel von der Außenwelt abzuschirmen – nicht anders als vor 250 Jahren, als es noch hieß, Holten liege „an einem außerhalb aller Passage gelegenen Orthe, wo niemand hinkommt". Dennoch haben die Erzbischöfe von Köln sehr früh schon gewußt, was sie an Holte oder Holten hatten. Der Ritter Everwin von Holte (1151–1188) diente Rainald von Dassel und Philipp von Heinsberg. Adolf von Holte verkaufte seine Burg 1243 dem Kölner Erzstift. Bei dem Gerangel zwischen Kurköln, der Grafschaft Mark und den Grafen von Kleve ließ Graf Engelbert von der Mark als Mann der letzten Namensträgerin Mechtild von Holten 1307 die wasserumwehrte Wallburg durch einen massiven Steinbau mit noch breiteren Gräben ersetzen. Zusätzlichen Schutz boten die drei nach Westen hin vorgeschobenen Bauernburgen, die mit so berühmten Dienstmannengeschlechtern wie den Rittern von Matlar und Steckes besetzt waren. Auf dem Erbweg schließlich dennoch mit dem Herzogtum Kleve und später Jülich-Kleve-Berg vereint, unterstanden Burg, Herrschaft und Stadt einem klevischen Amtmann. Von 1417 ab bekleideten dieses Amt in vier Generatio-

Haus Esselt bei Brünen

Haus Hagenbeck bei Schermbeck

nen die Herren van dem Loe. Zu ihren Nachfolgern zählten neben andern die von Wylich und von Lövenich. Von der mittelalterlichen, einst vierflügeligen Burg blieben zwei später hinzugefügte Backsteinflügel erhalten, die mit Schießstand und Gedenkstein unter dem Namen Kastell Holten ein Jugend- und Gemeindezentrum der bis 1929 selbständigen Stadt bilden.

Seit die zweite, nördlichere Autobahn des Ruhrgebiets Oberhausens Stadtteil **Osterfeld** berührt, haben mehr Autofahrer als je zuvor die blauweißen Fensterverschläge der **Burg Vondern** gesehen, die vordem am Emscherufer hinter einem Verschiebebahnhof in Vergessenheit zu geraten drohte. Die einst zweiteilige Wasseranlage war 1162 ein Lehnsgut der Grafen von der Mark, die damit die Herren von Vondern, genannt van der Hove, belehnten. Wer von ihren Nachfolgern den Auftrag zum Bau der mittelalterlichen Burg gab, steht nicht fest. Schöner als das unscheinbare Wohnhaus aus dem 17. Jahrhundert ist das jetzt frei auf der Wiese stehende Zweiturm-Torhaus mit dem gotischen Spitzbogenfries, der Wappenkartusche und dem angelehnten Treppentürmchen, die 1707 zusammen mit den dazugehörenden Ländereien an die auf Schloß Herten residierende Familie von Nesselrode-Reichenstein kamen.

Eine klobige Wand aus klobigen Steinen, die so wenig zum angebauten Bienenhaus und zum nahen Rosengarten der Gruga in **Essen** passen will, ist der Rest eines zweigeschossigen, romanischen Wohn- und Verteidigungsturms aus dem 12. Jahrhundert, der beim Abreißen eines alten Bauernhauses freigelegt wurde und nun in den Karten als **Steenhof-Turm** bezeichnet wird.

„Det hues van den **Isenberg** ligt in det revier van de Roer (Ruhr) op enen hohen berge, in det suden tegen det closter Relinghusen, tegen norden utsehende na en plat feldt", hieß es im 16. Jahrhundert. Nach der Ermordung des Heiligen Engelbert 1225 war die Stammburg der Grafen von Altena-Isenburg bei Hattingen zerstört und zehn Jahre später durch den Bau von **Neu-Isenburg** auf dem Bromberg in Essen-Rellinghausen ersetzt worden. Da Kölns Erzbischof Konrad von Hochstaden 1243 auch darauf Anspruch erhoben und Dietrich von Limburg gegen eine entsprechende Zahlung auf seine Ansprüche verzichtet hatte, zerstörte Graf Eberhard II. von der Mark 1288 den Bau, in dem die Kölner nicht nur den Grafen von Waldeck, sondern auch den Bischof Simon von Paderborn gefangenhielten. Aus den Trümmern bauten sich die Grafen von Limburg ein neues „schlot to Isenberg", mit dessen Hälfte sie 1370 Johann von Vittinghoff belehnten. 1501 übernahm das Rellinghauser Kapitel den Bau samt den Trümmern, deren weitläufiges Mauerwerk, unweit des Restaurants zur „Schwarzen Lene", allein die Jahre überdauert hat. Dicht daneben lag Haus **Vittinghoff**, das 1412 als Schloß des Limburger Grafen Wilhelm bezeichnet wurde und als Stammsitz der seit 1230 beurkundeten Herren von Vittinghoff gilt.

Ursprünglich als „Haus auf'm Berg" Eigentum der Mülheimer Ritter von Broich, ging das spätere **Schloß Schellenberg in Essen** erst in den Besitz der von der Horst und dann 1313 durch Kauf an Noldo von Kückelsheim über. 1454 erwarb der auf der Burg Altendorf ansässige Johann von Vittinghoff, genannt

Schloß Schellenberg in Essen

Burg Vondern in Oberhausen-Osterfeld

Kastell Holten in Oberhausen

Schell, für 1100 Gulden die ihm zuvor schon verpfändete Burg und stieg damit zum Erbdrosten des Essener Hochstiftes auf. Im 17. Jahrhundert wiederholt erweitert und zu einem Schloß umgebaut, blieb Schellenberg bis zur Übersiedlung nach Goch-Kalbeck Eigentum der Freiherren von Vittinghoff.

Haus Heisingen im gleichnamigen Stadtteil Essens erhielt seinen Namen von dem Silva heissi genannten Rodungswald, den Heinrich von der Ruhr 796 dem „Priester Ludger" vermachte. Aus dem Oberhof Kofeld, der ein Mannlehen des Klosters Werden war, entstand ein Rittersitz, der 1458 über die von Dücker an den Ritter Ruprecht Stael von Holstein gelangte. Zweihundertfünfzig Jahre blieb das Haus auf der Höhe im Besitz seiner Familie, die sich seit 1556 Stael von Heisingen nannte. Nachdem Abt Coelestin 1709 das Herrenhaus mit den zwei übergroßen Dachzwiebelknöpfen für 23 000 Taler erworben hatte, diente der Bau mit dem vorgelagerten großen Wirtschaftshof nach seiner Erneuerung den Äbten von Werden als Sommersitz und Residenz. Inschriften über Portal, Tür und Kamin erinnern die heutigen Bewohner des Hauses und die der Kette von Wohnhäusern, die in den Flügeln der Wirtschaftstrakte entstanden, an die geistlichen Herrn vom anderen Ufer der Ruhr.

Karl der Große hatte es so eilig damit, die **Alteburg** auf dem Burgberg über **Werden** in den Ring seiner Verteidigungsanlagen einzubeziehen, daß seine Chronisten sich um etliche Jahre verschätzten, als sie die 400 x 200 Meter große Hauptburg zeitlich in einem Atemzug mit den Eroberungen der Sachsenfeldzüge nannten. Andrerseits gehen manche Überlieferungen davon aus, daß der Großvater wie der Vater des Heiligen Ludger hier schon früher Land zugewiesen erhalten haben könnten, als sie 714 landflüchtig vom fränkischen Hausmeister Grimoald II. aufgenommen wurden. Im Krieg verlorengegangene Fundbeschreibungen sollen auf Scherben frühfränkischer Keramik des 7. und 8. Jahrhunderts im Bereich des Doppelwalls und der 2 Meter dicken Bruchsteinmauer hingewiesen haben. Reste von Burgtoren, eines Gehöftes und einer Wasserleitung bestätigten, daß die Wehranlage „burgbeki", wie die Alteburg in einer der ältesten Werdener Urkunden von 801 genannt wird, schon älter gewesen sein muß. Spätere Bauten wie das feste Haus Hegge (1581) und das Haus Zelbeken (1412) waren Lehnssitze des Ludgeriklosters, dem 1065 auch die Turmburg an der Ruhrbrücke unterstand. Hatte bis dahin noch der Ringwall der Fluchtburg auf dem **Pastoratsberg** den Mönchen wie den Dorfbewohnern Zuflucht geboten, so übernahm für die folgenden Jahrhunderte das **Kastell** am Ruhrübergang der Straße Köln–Essen die Sicherung von Markt und Stadt. 1214 ist von einem „slot dicta Voer" die Rede. Ob damit auch der im 13. Jahrhundert zerstörte „junckherr Sobbens torne tho Werden" gemeint war, scheint fraglich. Um so ausführlicher berichtet die Klevische Chronik Gerts van der Schuren von „dat ny slott to Werdden", das Herzog Adolf I. von Kleve während seiner Regierungszeit zwischen 1417 und 1448 errichten ließ. Das Kastell galt nicht nur als der interessanteste und bedeutendste Bau des Herzogs, es wurde darüberhinaus von seinem kriegerischen Enkel Johann II. noch zu dessen Erbprinzenzeit 1479 als Brückenbefestigung ausgebaut.

Am Rand des
Bergischen Landes

„Fruchtbare Äcker und Felder, hohe und walddichte Berge, auf welchen bisweilen unglaubliche Herden von Schweine zu sehen", hielt Matthias Merian 1647 an Essens Grenze zum Bergischen Land für ebenso charakteristisch „wie die Bächlein, so von den Bergen herunter fallen". Die Lobredner späterer Jahrhunderte wurden nicht müde, die Schönheit und Originalität des Landstrichs zwischen Ruhr, Sieg und Niederrhein zu preisen, obwohl die Gegensätze zwischen Landschaft und Industrie immer offener zutage traten. Daß mit den Burgen und Ruinen am Saum des Bergischen Landes dennoch manche Überlieferung erhalten blieb, bezeugen die historischen Daten dieser einst festen und heute zuweilen sogar frei zugänglichen Häuser.

Die Ruine der **Burg Altendorf** auf dem Südufer der Ruhr ist ein Beispiel dafür. Der Ritter Wennemar, auf den sich die Herren von Aldendorp als Ahnherrn beriefen, muß vor 1166 auf der Anhöhe nordöstlich von Kupferdreh die erste Burg gebaut haben. Seine Nachfolger waren Dienstmannen der Essener Fürstäbtissinnen und Gefolgsleute der Grafen von der Mark. Einer der Ihren konnte Rudolf von Habsburg bezahlten Königsschutz bieten, doch das bewahrte die Erben nicht davor, innerhalb von zweihundert Jahren so in Schulden zu versinken, daß die von Vittinghoff-Schell sie 1383 auskaufen konnten. Unter den neuen Herren, die sich in der Folgezeit Schell zu Altendorf nannten, verwandelte sich die Burg in ein weitläufiges Schloß, das groß genug war, in Kriegszeiten die Stiftsdamen samt ihren Urkunden und Wertsachen aufzunehmen oder, um ihnen in Friedenszeiten als Sommeraufenthalt zu dienen. Die Beute, die der General Christoffer von Vittinghoff-Schell während der Ungarnfeldzüge Kaiser Ferdinands machte, ließ seinen Sohn Arnold nach 1564 so unabhängig werden, daß er die regierenden Damen des kaiserlich freiweltlichen Stiftes wegen ihrer zunehmenden Hexenprozesse öffentlich rügte. „Die Jungfern wollten etwas zu starke Justitie haben, was ein gefährlich Werk, das sie nicht verständen", ließ er freimütig verlauten. Erst als die Witwe des letzten Vittinghoff Wilhelm von Ketteler zu Nesselrode heiratete, wurde bekannt, daß das Stift insgesamt neununddreißig Hexen in der Ruhr hatte ertränken lassen. Nach 1650 ging Altendorf von einem Tochtermann zum anderen in immer fremdere Hände über, bis schließlich Wendt von Hardenberg den gänzlich verfallenen Bau 1850 mit acht Morgen Land an die Gemeinde verkaufte. Aus der Ruine mit Turm, Graben, Brücke und den Mauern der Vorburg ist ein Ausflugsziel geworden, das dem Essener Stadtteil Burgaltendorf seinen Namen gab.

Selbst Friese, war der damals noch junge Christenmissionar Ludger so kühn, das Helgoländer Heiligtum des Friesengottes Forsites auszurauben, um so die Mittel für sein Kloster in Werden zusammenzutragen. Zwölf Jahre später besaß er immer noch genug für den Ankauf des benachbarten Gutes Uveta, das unter dem Namen Ovete oder **Oefte** in die Geschichte und Legende einging. 1273 war der Oberhof einem Henricus von Ovete unterstellt. Seine Urenkel bewährten sich teils als Droste des Werdener Hochstifts, teils als Raubritter, die Jagd auf

Die Ruine der Burg Altendorf

Kölner und flämische Kaufleute machten. Ihre Rauf- und Abenteuerlust war so groß, daß sie selbst Fehde mit den Kölner Erzbischöfen führten, die sie zwar gefangennahmen, ihnen aber andrerseits, ähnlich wie die Bergischen Herzöge, eine Jahresrente aussetzten. Ob Heinrich von Oefte seine Untaten nur deshalb sühnte, weil sein jüngerer Bruder Eberhard 1391 von den Dortmundern als „ewiger" Landfriedensbrecher hingerichtet wurde, steht dahin. Mit der nächsten Generation lösten 1438 die von Eller die Herren von Oefte ab. Die neue Ordnung brachte mehr Geld in die Kassen, genug um die romanische Burganlage 1628 unter den von Erwitte abermals zu erweitern. Im Auftrag der Reichsgrafen von der Schulenburg-Wolfsburg entstand nach mehrfachem Besitzerwechsel 1842 ein vorschriftsmäßiges Schloß mit allem Zubehör. Den früher von Wassergräben umgebenen Bruchsteinbau beherrscht seitdem ein 1850 und 1888 erneut überarbeiteter Mittelturm, der seit einigen Jahren den Golfplatz eines Essener Clubs bewacht.

Starker Eisgang zerstörte im Winter 1656 den letzten, bis dahin noch erhaltenen Turm des Schlosses **Ruhrort**, das der brandenburgische Kurfürst in den Jahren 1636–1640 hatte schleifen lassen. Das um 1375 von Graf Engelbert von der Mark zum Schutz des Rheinzolls am Homberger Werth erbaute feste Haus, ließ Herzog Adolf I. von Kleve zu einem Schloß und Wohnsitz für seinen Amtmann, den Ritter Heinrich Stecke, erweitern, der 1417 als erster das Amt in Ruhrort wahrnahm. Zwischen 1587 und 1635 fünfmal erobert, „arg demoliert" und neu befestigt, war das Schloß zuletzt in der Hand der Brandenburger nur noch ein unnützer Trümmerhaufen, obwohl einer der alten Ecktürme 1754 noch als Kohlenmagazin benutzt werden konnte und 1853 erst mit dem letzten Rest der Befestigung verschwand.

Dagegen blieb in **Duisburg-Huckingen** außer dem nahegelegenen **Haus Boeckum** der Turm des Gutes **Kesselsberg** erhalten, der zwar neben den Betonsäulen der Hochbahn wenig hermacht, dafür aber nach 1313 als Besitz des Ritters Engelbert von Bottlenberg galt. Spätere Herren des festen Hauses an der Anger, das 1795 noch den Österreichern als Verteidigungsstellung gegen die Franzosen diente, führten den Namen Bottlenberg-Kessel, bis 1646 kurbrandenburgische Truppen das Gut „verdarben". Das benachbarte, fast gleichaltrige **Haus Remberg** ist verschwunden.

Mehr als die Quadern und das Wappen der Toreinfahrt erinnert die schon halb aufgegebene barocke **Hubertus-Kapelle** hundert Schritte vor dem Hof daran, daß **Winkelhausen** einmal eine bedeutende Wasserburg eines ebenso bedeutenden Adelsgeschlechtes war. Was jetzt südlich von Huckingen hinter der hochgelegten Autostraße nach Krefeld zu sehen ist, hat nur noch wenig mit dem mittelalterlichen Ritter- und Grafensitz Groß-Winkelhausen zu tun, den 1271 ein Johann von Zeppenheim besaß. 1375 und 1394 ist von dem Angermunder Amtmann Hermann von Winkelhausen die Rede. 1456 kaufte ein anderer Ritter Hermann seiner Familie neben etlichen weiteren Höfen auch Haus Kalkum. 1634 wurde der Freiherr und Amtmann Johann Wilhelm von Winkelhausen zum Kanzler des Herzogs in Düsseldorf ernannt. Doppelte Wallgräben und verstärkte Befestigungsanlagen konn-

Haus Oefte bei Kettwig

ten nicht verhindern, daß sein Burghaus wie der 1668 entstandene Torbau der Vorburg immer wieder von durchziehenden Truppen beschädigt und teilweise sogar vernichtet wurden. Allein die Brandenburger verursachten Schäden für mehr als 16000 Taler. Das mit einem Pächter besetzte, 460 Morgen große Gut gehört den Fürsten von Hatzfeldt.

De domo – van me Huys nannten sich die Herren der im 12. Jahrhundert abgebrannten Burg an der Anger bei **Ratingen** noch 1309, als die Brüder Reinhard und Adolf ihr kastrum längst den Kölner Erzbischöfen verkauft hatten. Johann vom Haus hieß der bergische Amtmann und Marschall, der 1407 die Ringmauern verstärken ließ. Nach den Verwüstungen durch die Spanier erhielt **Haus zum Haus** 1595 ein neues Herrenhaus. Als Standquartier des kaiserlichen Generalfeldmarschalls Melchior von Hatzfeldt 1641 war die Wasserburg immer wieder fremdem Zugriff ausgesetzt. Das Beispiel des Dreißigjährigen Krieges machte Schule: 1689 bei den Brandenburgern, 1758 bei den Franzosen. 1972 schenkten die Reichsgrafen von Spee die ihnen seit zweihundert Jahren gehörende Angerburg der Stadt Ratingen, die in der Hochburg hinter der Brücke außer einem Architekturbüro einem Restaurant Platz bot.

Im großen Aufgebot der 2. Kalkumer Fehde zog 1405 auch der Ritter Hermann von Aptrode mit gegen Köln, um Rache für die Hinrichtung des Junkers Ludekin von Kalkum zu nehmen. Seine Stammburg war das **Haus Aprath** an der Düssel zwischen Essen und Wuppertal. Reste des Mauerwerks und der immer noch feste Rundturm über dem Stausee der Stippelsmühle von 1623 erinnern an die Quad von Rode und von Syberg, die 1744 von den von Bottlenberg, genannt Kessel, abgelöst wurden. Das im 19. Jahrhundert unterhalb der Burg angelegte Schloß ist, degradiert zum Ausflugslokal, längst verfallen.

Düsselabwärts ist aus der Wasserburg **Haus Düssel** in der Ortschaft Düssel ein modern eingerichtetes Restaurant geworden, dessen zum Teil von Kopfweiden umstandener Wassergraben kaum mehr an die Ritter von Düssel erinnert, die von 1400 bis 1600 die Straße von Wülfrath nach Velbert und damit das ihnen anvertraute Klostergut sicherten. Auch hier sind als Nachfolger der Ritter von Düssel Angehörige alter Adelsgeschlechter wie die von Diepenbruch, von Metternich, von Orsbeck und von Syberg anzutreffen, die 1784 die kleine Wasserburg samt dem neunzig Jahre zuvor um den Binnenhof entstandenen Wohntrakt an einen Nichtadeligen verkauften.

Wie Düssel war auch das heute zu Gruiten gehörende **Schöller** 1347 ein Lehnsgut des Kölner St. Gereonsstiftes. Aus dem seit 1260 bekannten Rittersitz Schonlare oder Scolare wurde 1426 **Schöller**, als Engelbert von Schöller das Hofgut vom Kloster Corvey erwarb. Herren von Schöller sind während der nächsten zweihundert Jahre in Solingen als Amtmann, im Bergischen als Marschall und in Düsseldorf als kurfürstlicher Kämmerer anzutreffen. Ihre vom Herzog neugeschaffene Unterherrschaft kam durch Heirat der Erbtochter Maria Margaretha von Schöller nach 1700 an die Reichsgrafen von Schaesberg. Der Schinderhannes-Turm unterhalb des Rundwanderparkplatzes ist der ehe-

Haus zum Haus in Ratingen

Burg Aprath bei Velbert

Graben der Wasserburg Düssel in Düssel

Schinderhannesturm in Schöller

malige Bergfried der Burg. Er stammt wie der Treppenturm noch aus dem 13. Jahrhundert. Seinen Namen verdankt er einer Verwechslung; denn Schinderhannes war nie hier. Sein am Niederrhein nicht weniger gefürchteter Kumpan Fetzer muß es gewesen sein, der da als Gefangener im Verlies des Turms über dem Düsseltal saß.

Am Eingang zum Neandertal liegt bei Erkrath im Schatten der Autobahnbrücke die Wasserburg **Haus Brück**, die 1392 als Hof Bruege in einer Stiftung des ersten Herzogs Wilhelm von Berg für die Düsseldorfer Kollegiatskirche erscheint. Aktenmäßig läßt sich der Hof als Herrenhaus und Wasserburg erst 1640 erfassen. Allein Name und Witwenschaft seiner ersten beiden Besitzerinnen legen die Vermutung nahe, daß das 1609 dem freiadeligen **Haus Bawir** zur Zehntzahlung von jährlich 15 Goldgulden verpflichtete Haus Brück seit längerem ein Lehns- und Adelsgut war. Von den Witwen von der Reck und von Lützerode gelangte Brück 1671 an die Herren von Viermundt, deren Nachfahren es 1751 dem Generalfeldmarschall Johann Hermann Graf von Nesselrode verkauften. Herr auf Brück wurde allerdings sein Bruder Johann Wilhelm – doch nur bis 1776. Spätere Käufer und Erben sind die von Brée, 1831 der Freiherr von Kyllmann und nur 12 Jahre später ein Herr von Lezack.

Schloß Meierhof ist der schäbige Rest des alten Schlosses **Mickeln**, das in Düsseldorf-Himmelgeist aus einem Hof des Klosters Altenberg (1210) hervorging. Burg, Herrenhof und Schloß wurde Alt-Mickeln hinter seinem Rheindeich erst nach 1382. Als Pfandkauf der Drosten von Schwanenberg gelangte der herzogliche Besitz hundert Jahre später durch Heirat an die Freiherren von Wylich und Richolt, die sich nicht nur durch ihre Opposition gegen den Großen Kurfürsten, sondern auch als Vorkämpfer der Gegenreformation auszeichneten. Würden, Ämter und reiche Ehefrauen sorgten für entsprechende Gelder und 1659 für einen, den „Erbgesessenen" Herrn von Mickeln genehmen Schwiegersohn. Statthalter, Erbmarschall und Erbkämmerer war der Graf Bertram Carl von Nesselrode und Reichenstein, der zwischen 1724 und 1743 Mickeln fast vollständig umbauen und erneuern ließ. Als Schloß kam der weitläufige Komplex mit 2055 Morgen Land 1795 an die von Hompesch-Bollheim. Um sich nach Mähren zurückzuziehen, verkauften sie 1835 das Rittergut dem Herzog Prosper von Arenberg. Vierzehn Monate später ging Mickeln durch Unvorsichtigkeit in Flammen auf. Übrig blieb das Torhaus mit dem Pagodendach, ein Wappenstein von 1670, ein Schlußstein über dem Scheunentor von 1743 und die aus den Steinen des Herrenhauses errichtete Rentei. Die Versicherungssumme reichte aus, um 1839, näher zum Ort hin, das neue Schloß Mickeln zu erstellen; dem alten blieb aus Spott und Respekt der Name Schloß Meierhof.

Garaths Park ist schöner als das Schloß von 1913, das nur noch entfernt an das alte adelige Geschlecht von Garderode, seine Klosterfrauen und an den Amtmann von Monheim erinnert, der 1550 die alte Wasserburg ausbessern ließ. Die von Aldenbruggen auf Hackhausen, ehelich vereint mit den von Bottlenberg, genannt Velbrück, sahen in Garath kaum mehr als eine erfreuliche Morgengabe, die erst durch die Umbauten 1610 so viel Bedeutung gewann, daß der Freiherr

Berndt von Velbrück den noch erhaltenen Torturm mit einer Inschrift versah. Der Schloßpark des Grafen Adam von Velbrück (1710–1776) ist ein Werk Nicolas' de Pigage. Ein pompöser Umbau im Ungeschmack der Zeit als Sitz des freiherrlichen Landrats von Raitz zu Frenz und der Familie Poensgen gab **Schloß Garath** so viel Würde, daß selbst Alain Emile Poher, nach dem Zweiten Weltkrieg Delegationsleiter Frankreichs bei der Internationalen Ruhrbehörde, darin residieren mochte. Jetzt gehört der Park der Öffentlichkeit.

Der schlanke Turm im Hügelgelände des feudalen Seniorenheims vor Hilden ist letztes Zeugnis der **Burg Horst**, die durch den Ritter Hugo von der Horst zum erstenmal ins Gerede kam, weil Hugo als Gefangener Dortmunds 1388 nach einer Fehde das Lösegeld von 80 Schilden sofort auf den Tisch legen konnte. 1450 durfte sich sein Enkel Erbschenk nennen. Plettenberger und Wickrather, die sich als Freier einstellten, wurden 1558 durch Otto Schenk von Nideggen abgelöst, in dessen Familie Haus Horst bis 1741 blieb. Einer der letzten adeligen Eigentümer war 1760 der Bergische Vizekanzler von Roperz. In einem zusammenfassenden Bericht ist nach Ende des Zweiten Weltkriegs nur noch von einem Neubau gegen Ende des 19. Jahrhunderts die Rede. Der dazu gehörende Wirtschaftshof aus dem 18. Jahrhundert brannte 1971 nach Erschließung des Baugeländes so programmgemäß ab, daß der Zufall an ähnliche Zufälle erinnerte.

Haus Hackhausen südlich von Ohligs soll zu Anfang des 14. Jahrhunderts ein Jagdhaus der Grafen von Berg gewesen sein. Der Bergische Herzog Wilhelm I. verpfändete die Wasserburg seines Solinger Vogtes Tyle van Hachhusen (1358) fünfzig Jahre später dem Ritter Engelbrecht von Orsbeck. Das herzogliche Pfänderspiel setzte sich fort, bis Johann von Bottlenberg, genannt Kessel, nach 1500 Hackhausen für 2000 oberländische Gulden an sich brachte und seinen Kindern überließ. Nach dreihundert Jahren immer noch Heiratsgut der Familie, wurde das Rittergut so baufällig, daß die Türme samt dem Barockbau abgerissen werden mußten und so einem Rokokoschloß Platz machten, das nach dem Brand von 1887 wie in den vorangehenden Jahren mehrmals den Besitzer wechselte.

Jahrzehntelang hing dem **Schelmenturm in Monheim** die Sage an, der Kölner Erzbischof Siegfried von Westerburg sei im Juni 1288 nach der Schlacht bei Worringen noch vor Einbruch der Dunkelheit über den Rhein gebracht worden, um seine erste Nacht als Gefangener im Monheimer Torturm zu verbringen. Das war schlecht möglich, weil die erste Befestigung Monheims neun Jahre vor der Schlacht niedergelegt worden war. Der Schelmenturm entstand erst 1423 zusammen mit der Stadtmauer. Umbauten haben ihn in jüngster Zeit zu einem Kulturzentrum Monheims werden lassen.

Haus Graven bei Richrath gehörte gegen Ende des 16. Jahrhunderts für einige Jahrzehnte zu dem Kreis der Adelshäuser, die die von Bottlenberg, genannt Kessel, im Niederbergischen und Westbergischen binnen kurzer Zeit erworben hatten. Ursprünglich ein Kölner Lehen der Herren von Graven (1341), erhielt die Feste erst 1665 eine umfassende Burganlage aus Bruchstein, von der hinter Gräben nur die Vorburg erhalten blieb.

Haus Brück bei Erkrath

Haus Hackhausen bei Ohligs

Schelmenturm in Monheim

Nahezu zwei Kilometer Waldstraße begleiten in **Leichlingen** den Burgenfahrer zum Parkplatz von **Haus Vorst**, das auf seinem Bergsporn über der Wupper seine Besucher willkommen heißt und ihnen das Tor zur Besichtigung des Innenhofs öffnet. Hinter Ringmauer und Torwächterhaus blieb der mittelalterliche Bergfried der Herren von Hückeshoven, genannt Vorst, erhalten, die, 1265 zuerst erwähnt, nach 1500 ihre Bergburg an die Quad und 1833 an Otto Schenk von Nideggen weitergaben. Die Grafen von Mirbach ersetzten den ehemaligen Palas 1823 durch einen Neubau und ein neues Herrenhaus, in dem seit 1948 der Malerprofessor Werner Peiner wohnt.

Haus Nesselrode bei Leichlingen wie **Haus Steinbüchel** in Leverkusen-Wiesdorf, dessen Spätrenaissancebau den Namen Doktorburg erhielt, halten einem Vergleich mit **Schloß Morsbroich** nicht stand. Wir haben das Schloß in Leverkusen-Alkenrath ausführlicher in einem gesonderten Band über die Burgen des Bergischen Landes beschrieben; dennoch möchten wir die Burgenfreunde an dieser Stelle darauf aufmerksam machen, daß es sich lohnt, nach den in Morsbroich untergebrachten Kunstsammlungen der Stadt Leverkusen zu sehen. Die neue Zufahrt und der Parkplatz neben dem Obsthof erleichtern einen Abstecher zu dem Wasserschloß, das 1774 an die Stelle der früheren Deutschordenskommende trat.

Spätere Geschichtsschreiber wollten nicht wahrhaben, daß die Wasserburg **Haus Blech oder Blegge** in Paffrath bei Bergisch Gladbach anno 1063 in einer Urkunde auftaucht, die später verlorengegangen sein soll. Historisch greifbarer ist 1262 der erste Namensträger Sibodo von der Blegge, der wohl schon den Bergfried aus Bruchsteinen aufmauern ließ, von dem 1463 noch bei einem Kaufvertrag zwischen Konrad von Menzingen und einem Kölner Dompropst die Rede ist. Der Propst, ein Pfalzgraf bei Rhein, schenkte Blegge dem Kölner Domstift. Von einem Jahrhundert zum nächsten zogen sich die Erbstreitigkeiten um Burg und Herrschaft hin, bis im 16. und 17. Jahrhundert die von Kalkum, genannt Lohausen, und die von Bottlenberg, genannt Kessel, wieder für Ordnung sorgten. Im 18. Jahrhundert ersetzte der Kaufmann Johann Jacob Bützler Blegges hinter Vorburg und Weiher altgewordenes Burghaus durch ein kleines, spätbarockes Schloß. Der von einem Orkan schwer mitgenommene Park soll nie wieder so schön geworden sein wie vor 1898, so große Mühe sich auch die Hiltruper Schwestern seit 1951 mit ihrem Altenheim in Haus Blegge gaben.

Seit der Münchener Architekt Gabriel von Seidl kurz nach der Jahrhundertwende den unbewohnbar gewordenen Renaissancebau der Wasserburg **Leerbach in Paffrath** durch ein weitläufiges, barockisierendes Schloß ersetzt hat, verzichten die kunsthistorischen Handbücher darauf, näher auf den Rittersitz einzugehen, der 1451 einem Herrn von Forsbach gehörte. Dem Bergischen Geheimrat Gottfried von Steinen († 1554) folgte hundertzwanzig Jahre später der „in den Reichsadelsstand erhobene" Amtmann von Porz Michael von Leers. Seine Erben durften sich als Freiherren von Leers zu Leerbach nennen. Ihr Schloß soll ein interessanter Walmdachbau mit dreistöcki-

Haus Vorst in Leichlingen

Burg Horst bei Hilden

Haus Wissem in Troisdorf

Haus Blegge bei Bergisch-Gladbach

gem Turm gewesen sein. Er wurde 1900 niedergelegt und durch den Neubau des Papierfabrikanten Zanders ersetzt. Schloß und Park, heute im Besitz der Familie von Siemens, werden vom Bonner Gustav Stresemann Institut als Bildungsstätte benutzt.

Von Wanda nannte sich 1187 das Rittergeschlecht, dem **Schloß Wahn** bei Porz seinen Namen verdankt. Woher die von Revelen kamen, die im 14. und 15. Jahrhundert auf Burg Wahn saßen, läßt sich den Archiven nicht entnehmen; eine Zuwendung der Familie für die Wahner Kapelle im Jahr 1389 ist der bisher einzige Beleg. Nachdem Wymmar von Loe 1522 Wahn an David von Zweiffel verkauft hatte, überfielen 1588 spanische Landsknechte die Wasserburg in der Heide. In einem zeitgenössischen Bericht heißt es: Jonker Zweiffel sin haushoff ohn den torn so gar verbrannt, dass nichtz davon überpliben ist. Reste dieses Turms und der spätgotischen Vorburg sind noch in dem stattlichen Herrenhaus des Rokokoschlosses erhalten, das die Erben der von Zweiffel, die Grafen von Schall, um 1750 anlegen ließen und mit einem Park umgaben. Den aus Amsterdam stammenden Heereman van Zuydwyck war das Schloß 1785 immerhin 80 000 Taler wert. Das mag einen der Freiherren von Eltz-Rübenach bewogen haben, 1820 Wahn als Mitgift seiner Braut um so lieber in Empfang zu nehmen. Seit 1955 ist in Schloß Wahn das Theatermuseum der Universität Köln untergebracht.

Haus Sülz im Sültztal zwischen Rösrath und Altenrath verbirgt sich hinter Bäumen, als schäme es sich immer noch der Urkundenfälschung, durch die das ehemalige Haus Staelsülzen zu Erzbischofs Anno Zeiten (1010–1075) mit der Abtei Siegburg und einem Edlen namens Diederich in Verbindung gebracht wurde. Da der Knappe Gottschalk Crevil Haus und Hof 1367 an die Abtei Siegburg verpfänden mußte, kam es letzten Endes für die Erben auf zweihundert Jahre früher oder später auch nicht mehr an. Noch vor Ende des 14. Jahrhunderts befand sich die Wasserburg im Besitz der Herren von Stael zu Holstein, die 1547 von ihrem Schwager und dessen Schwiegersohn Wilhelm von Zweiffel beerbt wurden. Heiraten in der nächsten und übernächsten Generation machen es unnötig, nach 1641 alle Namen aufzuzählen. Interessant wird erst wieder das Jahr 1766, als Johann Paul von la Valette St. George nach dem Kauf unverzüglich damit begann, eine neue Vorburg samt einem neuen Haupthaus zu bauen. Die Vorburg mit dem dreigeschossigen Eckturm wurde fertig; das Herrenhaus blieb unvollendet und geriet so samt dem Umland 1833 in die Hände des Dürener Fabrikanten und Mäzens Leopold Schöller. Was ihn bewogen hat, Haus Sülz den Freiherren von Linde zu überlassen, kann nur Vermutung bleiben.

Kalksteinbrüche in Dhünnwald und Gladbach, Bleigruben im Heidenkeller bei Volberg und bei Overath waren vor den Römern wahrscheinlich den Ubiern bereits vor ihrer Zwangsumsiedlung auf das linke Rheinufer bekannt. An die von ihnen dichtbesiedelte Landschaft erinnern die umfangreichen Gräberfelder der bis Troisdorf reichenden Wahner Heide, die wie der haushohe Block des Hollsteins zwar Anlaß für Geistergeschichten, Sagen und Legenden gaben, dennoch so spurlos verschwanden, daß nur noch wenige sich an die Urnen am „Dicken Stein" und am „Stumpe Krützchen" erin-

Schloß Wahn bei Porz

nern. Auch **Haus Wissem** in Troisdorf hat nichts davon bewahrt – keinen Runenstein, keine Grabbeigabe, kein römisches Geldstück. Heimatforscher und Historiker meinen, Wissem könne die Stammburg der Herren von Troisdorf sein, die dem alten, längst versunkenen Troysdorp seinen Namen gaben. Das zu erforschen mag andere freuen, die mehr vom Heidenbergwerk im Lüderich zwischen Sülz und Agger wissen oder von seinen prächtigen Schlössern. Die stolzen Ritter und die schönen Nonnen, die sich wechselseitig in die Arme sinken, sind ja nicht nur Spiel und Spiegel der Volksphantasie; manche von ihnen gehen auf die Erinnerung an handgreiflich historische Tatsachen zurück und erklären so, warum es hier in nächster Nähe einen Blutquell und einen Tränenquell gibt. Die Wasserburg Wissem, frei von allen spukhaften und romantischen Erinnerungen, hat nichts außer einer kurzen, realistischen Geschichte zu bieten, die im 16. Jahrhundert unter Johann von Zweiffel beginnt und sich mit der Heirat der Anna Clara von Zweiffel mit einem von Cortenbach 1630 fortsetzte. Als die Familie von Cortenbach – wie es so schön in den alten Handbüchern heißt – im Mannesstamm erlosch, traten mit fast jeder Generation immer wieder neue Erben an. Heirat und Kauf wirbelten Freiherren und Grafen so kräftig durcheinander, daß erst 1833 mit dem Freiherrn Clemens von Loe das große Aufatmen begann. Neben dem langgezogenen Wirtschaftsflügel mit seinen Bruchsteinmauern von 1550 setzte er 1840 zwischen einen rechteckigen Turm mit Barockhaube und einen kleineren Rundturm auf der gegenüberliegenden Seite einen zweigeschossigen Walmdachbau, der sich ebenso barock gab wie der Torbau von 1741. In der Bestandsaufnahme nach dem Zweiten Weltkrieg steht unter dem Stichwort Haus Wissem: schwer beschädigt – erheblich getroffen – der alte Flügel von 1550 bis auf die Umfassungsmauern zerstört; zerstört auch die Nordecke und etliches andere mehr. Die Nord- und Westseite mußte 1962 durch Neubauten ersetzt werden. Das Herrenhaus, optimistisch rosa getönt, nahm das Troisdorfer Bürgermeisteramt auf. Das neue Torhaus mit seinen Laternen bewahrt als einzig echtes Überbleibsel vergangener Größe das Hausteinportal mit dem Cortenbachschen Wappen und zwei Löwen im Giebel.

Wer an dieser Stelle aufblickend die ihm vertrauteren Burgen und Schlösser des Niederrheins vermißt, kann nicht anders, als in unserem ersten Niederrheinband oder in denen der angrenzenden Gebiete nachzusehen. Daß es darüber hinaus rechts und links des Rheins noch weitere Herrenhäuser und Adelshöfe gibt, die im verborgenen blühen, läßt sich nicht bestreiten. Doch was hätten Sie davon, vor Türen und Toren zu stehen, die Ihnen genauso verschlossen bleiben, wie sie uns verschlossen blieben.

Stichwortverzeichnis

(normal = Textseite, **fett = Bildseite**)

Alfens	14
Allegraav	12
Alteburg	16, **17**
Altendorf	80, **81**
Altenhof	30, **32**
Anstel	44, **45**
Aprath	84, **86**
Aspel	8
Averforth	70
Balken	60
Barlo	30
Bawir	89
Beeck	24
Bellinghoven	68, **69**
Bergfrede	70
Bergh	66, **67**
Bey	30
Blegge	94, **98**
Bloemersheim	50, **55**
Boeckum	82
Borschemich	26
Breberen	16
Brempt	33
Brempter Hof	48
Broich	33
Brück	89, **91**
Brüggelchen	18
Brünen	70
Bruckhausen	20
Busch	46
Diesdonk	36
Donk	33
Drevenack	72
Düssel	82, **87**
Duisburg	82
Effeld	28
Elmpt	28
Elten	8
Eltenberg	66
Empel	68
Erprath	60
Esselt	70, **73**
Essen	75
Etgenhof	33
Eyl	64, **65**
Eyll	36
Frohnenbruch	56, **59**
Gangelt	16, **19**
Garath	90
Gelinde	56
Gelleshof	33, **35**
Gesselen	38
Grachter Hof	33
Grachtsheuvel	34
Graven	90
Greiffenhorst	50
Grieth	62
Gripswald	48, **51**
Grotelaers	38, **43**
Großlind	33
Haag	60, **61**
Hackhausen	90, **92**
Haffensche Meer	68
Hagenbeck	72, **74**
Hall	25, **27**
Hamminkeln	70
Haus zum Haus	84, **85**
Hegem	14
Heinsberg	20, **21**
Herb	20
Hertefeld	38, **41**
Hönnepel	62
Hoerstgen	56
Holten	72

Holtheide	34, **39**	Mickeln	89
Holzheim	46	Millen	12, **9**
Hombroich	46	Monheim	90
Honsdorf	24	Morsbroich	92
Horr	46, **47**		
Horst	62, **63**	Neu-Isenburg	75
Horst (Hilden)	90, **96**	Neuenhofen	50, **53**
Hückelhoven	25	Neuerburg	28
Hülhoven	20, **23**	Nesselrode	94
Huisberden	64	Niershoff	34
		Norf	46
Immendorf	22		
Ingenraedt	34	Oedt	34
Ingenray	36	Oefte	80, **83**
		Ossenberg	58
Kaarst	46	Osterfeld	75
Kalbeck	38, **42**		
Kaldenkirchen	30	Palant	26
Karken	18	Pesch	48
Keeken	64	Porz	99
Kesselberg	82		
Kettwig	82	Randerath	24
Klee	28, **29**	Ratheim	25
Kleinbouslar	26	Ratingen	84
Kleinsiersdorf	24	Rees	68
Kolk	38	Reckenburg	68
Keyenberg	26	Rentamt	20, **21**
Krudenburg	72	Rheinberg	56
		Richrath	90
Latum	48	Rindern	64
Lauersfort	50, **54**	Ringelsberg	34
Lauvenburg	46, **49**	Ringenberg	70
Leerbach	94	Rodebach	12
Leichlingen	94	Ruhrort	82
Leverkusen	94		
Leyenburg	50	Saeffelbach	12
Linn	50	Schaesberg	14
		Schellenberg	75, **76**
Mahrhof	25	Schelmenturm	90, **93**
Mehr	68	Schermbeck	72
Meierhof	89	Schinderhannesturm	84, **88**
Mercator	18	Schleveringhoven	28

Schwarzenstein	72	Vogelsang	70
Schwertscheidhof	16, **15**	Vondern	75, **77**
Selfkant	12	Vorst	94, **95**
Sollbrüggen	50, **52**	Vynen	60
Sonsbeck	60		
Sonsfeld	68	Wahn	99, **100**
Sorgvliet	70	Wahnenbusch	26
Spanischen Hüsken	18	Waldfeucht	18
Sprinkelhoven	28, **31**	Waldniel	28
Steckelenborg	34	Wammen	14, **13**
Steenhof-Turm	75	Weiher-Kastell	28
Steinbüchel	94	Weißenstein	70
Steinfunder	34, **37**	Weißhaus	44
Strommoers	56	Werden	79
Sunuker	12	Werth	70, **71**
Sülz	99	Wevelinghoven	46
		Winkel	38, **40**
Tüddern	12	Wissem	101, **97**
		Wolfskuhlen	56, **57**
Uda	34	Worringen	44
Uerdingen	48		
Uplade	8	Xanten	58
Vittinghoff	75	Zumdahl	22
Vlaßrath	36		

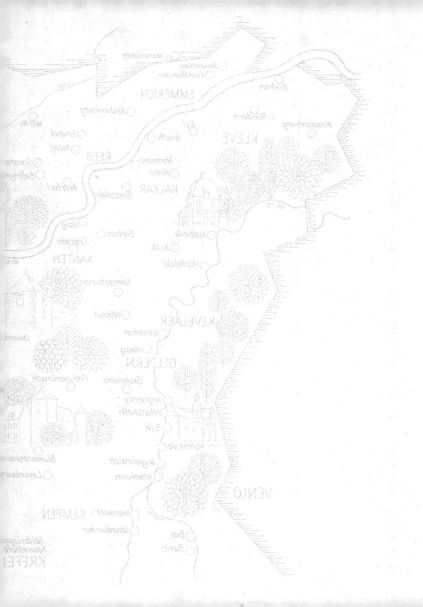